Lektorat Burghard König

Unsere technisierte und automatisierte Arbeitswelt steht dem Bedürfnis nach ausreichender Bewegung und ungezwungener Kommunikation oft entgegen. Um so wichtiger ist für unser Leben der Sport geworden: als gezieltes Fitnessprogramm, als Freizeitgestaltung oder als gemeinschaftsförderndes Spiel.

Die *rororo Sportbücher* zeigen Wege auf, wie man allein oder in der Gruppe zu einer sinnvollen körperlichen Betätigung kommt. Sie informieren den Anfänger und geben Anleitungen für den Freizeitsportler, enthalten Lehr- und Übungsprogramme für den Fortgeschrittenen und stellen dem Lehrer methodisch wie didaktisch erprobte Unterrichtsmaterialien bereit.

Die in regelmäßiger Folge erscheinenden Bände runden sich zu einer in sich geschlossenen Sportbibliothek ab.

Tischtennis

Training
Technik
Taktik

Heinz Harst/ Hans Giesecke/ Jupp Schlaf

Mit Bildreihen und Fotos von Horst Lichte

ro
ro
ro

Rowohlt

Originalausgabe

Umschlagentwurf Werner Rebhuhn (Foto: Horst Lichte)
Typographie Werner Rebhuhn/Layout Angelika Weinert
Illustrationen Heinz Waldvogel/Graphik Satzdienst Niko Jessen
Veröffentlicht im Rowohlt Taschenbuch Verlag GmbH,
Reinbek bei Hamburg, August 1977
Copyright © 1977 Text und Abbildungen
by Rowohlt Taschenbuch Verlag GmbH, Reinbek bei Hamburg
Alle Rechte vorbehalten
Satz Times (Linotron 505 C)
Gesamtherstellung Clausen & Bosse, Leck
Printed in Germany
680-ISBN 3 499 17013 2

  1.–18. Tausend August 1977
19.–25. Tausend Oktober 1978
26.–33. Tausend August 1979

Das Umschlagfoto zeigt den Deutschen Meister 1977, Peter Stellwag.

Inhalt

Einführung

Wer einmal seine Liebe zu dem Spiel mit dem kleinen weißen Ball entdeckt hat, hat wahrscheinlich ‹seine Liebe fürs Leben› gefunden. Nach Gründen, die den Beliebtheitsgrad dieser Sportart ausmachen, muß man nicht lange suchen: Tischtennis ist an kein Lebensalter gebunden und steht nahezu jeder Personengruppe offen. Kaum ein Platz oder ein Raum ist zu klein, um einen Tischtennistisch aufzustellen, und die Ausrüstung wie Schläger oder Bälle ist auch heute noch für den kleinen Geldbeutel erschwinglich.

Ob kleiner ‹Steppke› – seinen Partner sieht er nur durch die Maschen des Netzes, denn viel größer ist er nicht –, ob Teen und Twen, Mutter und Vater, Großmama und Großpapa – alle können diesen Sport betreiben. Was aber in unserer Zeit noch viel wichtiger erscheint: Gerade Versehrte und körperlich Behinderte können sich in dieser Sportart betätigen, und das nicht nur als Freizeitbeschäftigung oder Ausgleich. Auch diese Menschen kämpfen vielfach um Meisterehren und Titel. Selbst Blinde, die aufgrund ihres Leidens ein anderes Sinnesorgan, nämlich das Gehör, extrem schulen, konnten aufgrund dieser Fähigkeit den Tischtennissport ausüben. So gibt es in Amerika einen blinden Schiedsrichter, der zu den besten seines Landes zählt. Der beste Turnierleiter der DDR in den Jahren 1950 bis 1960 war ein Blinder. – Die Liebe und Begeisterung zum Tischtennissport befähigt diese Menschen zu außergewöhnlichen Leistungen. Es gab aber auch nach dem Krieg Sportler, die – obwohl sie einen Arm oder ein Bein verloren hatten – in die deutsche National-

mannschaft berufen wurden und an Weltmeisterschaften teilnahmen.

‹Raum ist in der kleinsten Hütte› – ein wahres Wort, bezogen auf
den Tischtennissport; nahezu überall findet der 2,74 m lange und
1,525 m breite Tischtennistisch Platz: im Keller, obwohl es dort
vielleicht ein bißchen dunkel ist, im Hobbyraum, auf der Terrasse,
im Garten und möglicherweise sogar in der ‹guten Stube›. Aber auch
Ferienplätze, Fitness-Räume, Strandbäder, öffentliche Sporthallen
und -plätze bieten vielfache Möglichkeiten, diesen Sport zu betreiben.

Ein nicht unwesentlicher Faktor ist der geringe finanzielle Auf-
wand. Tischtennisbälle, Schläger und Tische werden heute von nahezu allen Warenhäusern und von den Sportartikelhändlern recht
preisgünstig offeriert. Selbstverständlich gibt es auch hier große
Unterschiede in Qualität und damit auch Preis; aber der Hobby-
und Freizeit-Tischtennisspieler braucht nicht allzutief ins Porte-
monnaie zu greifen, um sich mit den notwendigen Materialien aus-
zustatten, wobei die Anschaffung des Tischtennistischs die wohl
größte Investition darstellt. Aber auch hier bietet die breite Ange-
botsskala jedem etwas.

Und ist dann alles vorhanden, kann der Spaß beginnen – Partner
finden sich immer und überall. So hat der Tischtennissport auch
rasch Einzug in Schulen, Firmen und Institutionen gehalten.

Die meisten Schulen haben Tischtennis in ihr Schulsportprogramm
aufgenommen, und mit Hilfe der Verbände werden Schulmeister-
schaften und -wettkämpfe durchgeführt. Um den Schülern auch
außerhalb der Schulstunden die Möglichkeit zu geben, ihre Freizeit
sinnvoll zu nutzen und sich sportlich fit zu halten, kann man heute
fast überall auf den Schulhöfen wetterfeste, aus besonderem Material hergestellte Tische sehen, die ständig belagert sind.

Im Firmensport steht Tischtennis mit an vorderster Stelle. Die
Tischkonstruktionen, stets abgestimmt mit den neuesten Erkennt-
nissen, lassen einen schnellen und einfachen Auf- und Abbau zu,
und rasch sind eine Kantine oder ein Eßraum in eine Tischtennishal-
le verwandelt.

Ein weiteres Positivum stellt die geringe Verletzungsgefahr dar. Nur
höchst selten kommt es zu wirklich ernsthaften Verletzungen.
Selbstverständlich sind Muskelkrämpfe oder Zerrungen wie in allen
anderen Sportarten möglich, obwohl solche Behinderungen natur-

gemäß eher im hochleistungsmäßig betriebenen Tischtennissport auftreten. Die häufigsten Verletzungsquellen stellen zu glatte Fußböden oder nicht ordnungsgemäß aufgestellte Tische dar. Aber bei etwas Vorsicht läßt sich in solchen Fällen das Schlimmste meist verhindern. Im übrigen ist der Tischtennistisch seit neuestem in die DIN-Normung einbezogen worden, so daß eine der Gefahrenquellen wesentlich reduziert werden konnte.

Ein ganz besonderer Reiz liegt wohl darin, daß Tischtennis – als Leistungs- oder gar Hochleistungssport betrieben – zu den härtesten und schnellsten Sportarten gehört. Kondition, Konzentration und Reaktion müssen optimal geschult und trainiert sein – nur so ist Spitzentischtennis möglich.

Im organisierten Bereich, das heißt in den Tischtennisvereinen und -abteilungen, den Kreis-, Bezirks- und Gruppenligen, den Verbands- und Oberligen und über den Verband hinaus den Bundesligen, sieht es natürlich etwas anders aus. Hier bestehen Vorschriften und Bestimmungen, die einzuhalten sind, um wettkampfgerechte Voraussetzungen zu schaffen – geht es doch hier um wichtige Punkte, Siege und Meisterschaftstitel. Die Größe des Wettkampfbereichs, also die Größe der Boxen (Spielfeldumrandungen), die den Tisch umgeben müssen, ist mit 6 × 12 m für den nationalen und 7 × 14 m für den internationalen Spielbetrieb fixiert. Die Materialien müssen ‹first class-Qualität› aufweisen, und die Akteure müssen bestimmte Voraussetzungen (Leistungssport) erfüllen. Der Verein muß, um ein einmal gestecktes Ziel zu erreichen, Fachpersonal, das sind Trainer, Übungsleiter und zahlreiche Mitarbeiter, zur Verfügung haben. Optimale Zusammenarbeit aller Beteiligten – neben einem attraktiven Beiprogramm, wie Wettbewerbe ‹Familien-Tischtennis›, Wettbewerbe ‹Mutter–Tochter›, ‹Vater–Sohn›, ‹Bruder–Schwester› und dergleichen – sind heute Voraussetzung in einem modern und gut geführten Verein.

Auch über die Grenzen der Bundesrepublik hinaus ist Tischtennis beliebt und bekannt. So wird beispielsweise im europäischen Bereich der Mannschaftsspielbetrieb in einer ‹Europaliga› – der einzigen bisher – weitergeführt. Und der sowohl auf europäischer als auch auf internationaler Ebene durchgeführte Wettkampfbetrieb mit Meisterschaften, Ranglistenturnieren und ähnlichem ist seit vielen Jahren eine Selbstverständlichkeit.

Geschrieben wurde dieses Buch für den Anfänger, den Fortgeschrittenen und den Könner, aber auch für den Lehrenden – den Übungsleiter, Berater und Betreuer. Es richtet sich an den Hobbysportler, der nur aus Freude an der Bewegung zum Schläger greift und dabei ein sportliches Erleben findet; es richtet sich an den Freizeitsportler, der sich – gleichgültig, wo er ist – mit geringen Mitteln körperliche und sportliche Betätigung verschafft, und es richtet sich *last not least* an den Leistungssportler, der seine Fähigkeiten vervollkommnen möchte.

Das Buch beinhaltet die Abschnitte Grundlagenwissen, Regelkunde, Training, Taktik, Technik und Wettkampf, aber auch Psychologie und Physiologie. Es bietet Hilfen und Anregungen, zusammengestellt aus Erfahrungswerten, und soll eine Aufforderung sein, diese schöne Sportart zu betreiben. Das Buch ist daher ebenso ein Nachschlagewerk wie ein praktischer Ratgeber, aber auch ein Lehr- und Arbeitsbuch.

Zur Geschichte des Tischtennissports

Eine Klärung, wann, wie und wo das Tischtennisspiel entstand, ist außerordentlich schwer; man kann dies nur im Zusammenhang mit anderen Sportarten, insbesondere Tennis, sehen. Die Meinungen über den Ursprung dieses Spiels gehen stark auseinander. Exakt lassen sich Zeitpunkt und Ort der Entstehung nicht bestimmen. Allgemein wird angenommen, daß der Tischtennissport zuerst in Asien, England oder bei den Indianern Nord- und Südamerikas in primitiver Form gespielt wurde. Der frühere, langjährige Präsident der International Table Tennis Federation, Ivor Montagu (England), führte die Ursprünge des Tischtennisspiels auf die Indianer zurück. Die große deutsche Sportpersönlichkeit Carl Diem geht in seinen Büchern Jahrhunderte zurück; er beschreibt Ballsportarten, unter denen auch die Ursprünge des Tischtennis gewesen sein könnten.

Man sollte jedoch diese vorgeschichtlichen Entwicklungen nicht zu stark beleuchten, sondern sich darauf beschränken, daß im vorigen Jahrhundert das Tischtennisspiel populär und in England schon im Jahre 1884 unter ‹Miniature Indoor Tennis Game› patentiert wurde. Für dieses Spiel benutzte man einen kleinen luftgefüllten Gummiball, der erst 1890 durch den von dem englischen Ingenieur James Gibb ‹erfundenen› Zelluloid-Ball abgelöst wurde. Aufgrund des Klangs wurde der Name ‹Ping-Pong› geprägt. Dieser Ausdruck wurde in England unter der Nummer 19070 patentiert. In anderen Ländern änderte man diesen Namen ab – beispielsweise in Amerika

‹Whiff-Whaff› und in Frankreich ‹Pim-Pam›. Diese Zeit kann
praktisch als die erste Gründung des Tischtennissports genannt
werden.

In Deutschland wurde dieses Spiel ebenfalls populär; es wurde
zunächst jedoch in speziellen Klubs und Kaffeehäusern gespielt. Im
Jahre 1899 wurden die ‹1. Berliner Tennis- und Ping-Pong-Gesell-
schaft› gegründet und ein Jahr darauf das erste ‹Ping-Pong›-Café
eröffnet. Besonders bekannt war das Tischtennis-Café am Viktoria-
Luise-Platz in Berlin. Es wurden ‹Ping-Pong›-Lieder und ‹Ping-
Pong›-Kleider eingeführt; das Spiel selbst blieb jedoch den höheren
Gesellschaftsschichten vorbehalten. Im Jahre 1907 wurden bereits
die ersten ‹Deutschen Meisterschaften› ausgetragen. Austragungs-
ort war das Casino am Nollendorff-Platz in Berlin; Ausrichter war
der Berliner SC von 1905. Die Zählweise war dem Tennis entliehen.
Dann aber geriet Tischtennis wieder in Vergessenheit, obwohl der
Ungar Laszlo Hartmann in den folgenden Jahren als Showman in
Varietés auftrat und in Schnallenschuhen, schwarzen Hosen und
schwarzem, seidenem Hemd das Publikum mit Tricks aus dem
Tischtennisspiel entzückte. Sein besonderer ‹Gag› war, den Return
in ein Wasserglas zu praktizieren – eine Kunst, die heute nur noch
wenige Spieler beherrschen.

Auch der spätere Profitennisweltmeister und einer der besten Ten-
nistrainer Deutschlands, Roman Najuch, der sich auf den Tennis-
plätzen von Julius Hosemann in der Leibnizstraße in Berlin mit
Tischtennis befaßte, konnte diesen Niedergang nicht verhindern.
Nach dem 1. Weltkrieg waren es dann wieder die Tennisvereine, die
ihre Mitglieder auch im Winter beschäftigen wollten und daher in
den Wartezeiten dem Tischtennis frönten. In Umkleidebaracken,
aber auch in Klubhäusern wurde nun Tischtennis gespielt. Danach
wurden schon entsprechende Materialien angeboten. So geht aus
einem Prospekt des Sporthauses Richard Rau, Berlin, hervor, daß
die Maße des Tischs 1,40 × 2,70 m sein müssen. Die Höhe könne
sich zwischen 0,75 und 0,85 m bewegen. Die Farbe wurde mit
mattgrün angegeben. Die Netzhöhe betrug damals 17,5 cm. Der
Schläger sollte ein Hohlschläger – bezogen mit Fell oder Pergament
– sein; es könnten aber auch Holzschläger verwendet werden. Diese
wurden dann teilweise mit Samt überzogen. – Es wurde immer noch
die gleiche Zählweise wie im Tennis angewendet.

Zu dieser Zeit war wiederum Roman Najuch einer der Vorreiter für

den Tischtennissport. In den Räumen des Sporthauses Richard Rau,
des großen 100-m-Läufers, fanden sich die Sportstars der damaligen Zeit zusammen, so der berühmte Eislaufkönig Werner Rittber-
ger, der Vater des bekannten schwedischen Eishockey-Stars Lulle
Johansson, die unvergessenen Tennisspieler Daniel Prenn, H. G.
Lindenstedt und Curt Gerstmann sowie Kutti Weiß, einer der besten deutschen Hockeyspieler.
Dies alles wiederum ergab die Initiative für die ersten Tischtennis-
turniere. Die bedeutendsten wurden 1924 – also vor der Gründung
des Deutschen Tisch-Tennis Bundes – veranstaltet, und zwar durch
den TC Borussia 02, der aus der ‹1. Berliner Tennis- und Ping-Pong-
Gesellschaft› hervorgegangen war und dessen Gründer der langjährige Präsident des Tennis-Bundes, F. Gruber, war. Dieses erste
Turnier fand am 10. Dezember statt. Wenig später – am 10. Januar
1925 – wurden dann durch den Tennis-Club 1900 Gelb-Weiß die
ersten Meisterschaften von Deutschland im Herren- und Dameneinzel durchgeführt. Meister wurde der indische, in England studie-
rende Spieler P. N. Nanda, Zweiter H. G. Lindenstedt und gemein-
same Dritte Dr. Sardesai (Indien) und Hermann Lindenstedt. Das
Ergebnis war 6 : 0 und 6 : 3, wobei zu bemerken ist, daß so bekannte Größen wie der ungarische Davis-Pokal-Spieler Bela von Kehr-
ling und die bekannten Tennisspieler Moldenhauer, Gebrüder Hey-
denreich, Dr. Landmann, Prenn, Kleinschroth und auch der erste
Präsident des Deutschen Tisch-Tennis Bundes, Dr. Lehmann,
daran teilnahmen.
Diese Meisterschaften gaben den Anstoß, einen Deutschen Tisch-
Tennis Bund ins Leben zu rufen, obwohl die meisten Tennisfunk-
tionäre zu dieser Zeit lediglich einen Tischtennisausschuß innerhalb
des Tennis-Bundes wünschten. Am 21. Februar 1925 kamen in
München auf Einladung führender Persönlichkeiten des Deutschen
Tennis-Bundes 21 Tennisvereine zusammen, um über den einzigen
Punkt der Tagesordnung – ‹Beschlußfassung über die Gründung
und Wahl des Vorstands eines Deutschen Tischtennis-Verbands› –
zu beraten. Elf Vereine kamen aus Berlin, sechs aus Hamburg, je
einer aus Pforzheim, Rostock, München und Köln. Man beschloß,
eine Satzung auszuarbeiten. Am 8. November 1925 wurde dann in
Berlin in Anwesenheit von 32 Vereinen, die aus Berlin, Hamburg,
Leipzig, Wittenberg, Frankfurt (Main), Pforzheim und Heringsdorf
kamen, der Deutsche Tisch-Tennis Bund aus der Taufe gehoben.

Gleichzeitig unternahmen auch andere Länder in Europa große Anstrengungen zur Einführung des Tischtennisspiels. Am 15. Januar 1926, im Rahmen der 2. Internationalen Deutschen Meisterschaften, gründeten ‹de facto› die teilnehmenden Verbände aus England, Österreich, Schweden, ČSSR, Ungarn und Deutschland den Internationalen Tischtennis-Verband mit der Zielrichtung, die ‹de jure›-Gründung baldmöglichst vorzunehmen. Der englische Verband schrieb dann für die Zeit vom 6. bis 11. Dezember 1926 eine Europameisterschaft im Tischtennis aus und lud gleichzeitig zu einem Kongreß am 12. Dezember nach London ein, um die ‹de jure›-Gründung der ITTF zu vollziehen. An den zunächst als Europameisterschaft ausgeschriebenen Meisterschaften nahmen die Verbände Österreich, ČSSR, Dänemark, England, Deutschland, Ungarn, Indien, Schweden und Wales teil. Aufgrund der Teilnahme von Indien wurden diese Europameisterschaften im nachhinein als Weltmeisterschaften deklariert.

Auf diesem Kongreß gab man sich eine Satzung, die in ihren Grundzügen noch heute besteht, und wählte den Engländer Ivor Montagu zu seinem Präsidenten, der dieses Amt dann bis 1967 verwaltete. Diese neun Verbände, die an den Weltmeisterschaften teilgenommen hatten, galten als die Gründungsmitglieder. Heute, im Jahre 1977, hat der Internationale Verband 126 Mitglieder; sein Präsident ist der Waliser Roy Evans. Im Jahre 1957 war die ITTF so groß geworden, daß der Vorstand keine Kontrolle mehr über seine Mitgliedsverbände hatte, und es wurden die Kontinentalverbände Asien, Afrika, Europa, Nordamerika, Südamerika und Ozeanien gegründet. Präsident des Europäischen Tischtennis-Verbands ist seit dem Jahre 1964 Jupp Schlaf aus Frankfurt (Main).

Insgesamt wurden bis heute 34 Weltmeisterschaften – drei davon in Deutschland – und 11 Europameisterschaften (einschließlich der von 1978 in Duisburg) – davon zwei in Deutschland – durchgeführt. Neben den Weltmeisterschaften sind die kontinentalen Meisterschaften die Höhepunkte im Tischtennis, weiterhin das große Freundschaftsturnier der Afro-Asiatischen-Lateinamerikanischen Verbände. In Europa hat die European Table Tennis Union (ETTU) besondere Aktivitäten gezeigt. Außer den Europameisterschaften finden jährlich solche der Jugend und Schüler statt, ferner – als einzige Sportart in Europa – eine Europaliga der Nationalmannschaften, eingeteilt in vier Divisionen mit Auf- und Abstieg. Sodann

bestehen attraktive Wettbewerbe wie das europäische Klassifika-
tionsturnier ‹Europe Top 12›, der ‹Europäische Pokal der Meister›
der ‹Europäische Messe-Cup›. Außerdem finden in Europa in jeder
Saison zwischen 16 und 18 Internationale Meisterschaften statt. –
Tischtennis kann also mit Fug und Recht von sich behaupten, daß es
verbandsmäßig eine der aktivsten Sportarten ist, die es in der Welt
gibt.

Es gab aber auch vielerlei Kuriosa bei den Welt- und Europameisterschaften: so 1936 bei den Weltmeisterschaften in Prag. Hier kam
der längste Ballwechsel zustande, der je im Tischtennis stattfand:
der legendäre Pole/Franzose Alex Ehrlich und der Rumäne Fracas
Paneth kämpften zwei Stunden um einen Punkt. Ebenfalls bei diesen Meisterschaften lieferten sich die Spieler Haguenauer (Frankreich) und Goldberger (Rumänien) die längste Partie, die es je gab:
Nach sieben Stunden wurde im fünften Satz abgebrochen. Dieser
Vorfall war ausschlaggebend dafür, daß eine Reihe von Regelände-
rungen eingeführt wurden. Allerdings reichte auch das noch nicht
aus; denn im Jahre 1937 wurde der Titel im Dameneinzel nicht
vergeben, weil die Spielerinnen Aarons (USA) und Pritzi (Österreich) die neue Zeitregel überschritten hatten und daher disqualifi-
ziert werden mußten. Man kam auf eine Zeitregel, die auch jetzt
noch in etwa Gültigkeit hat, außer daß man 1961 die sogenannte
‹Beschleunigungsregel› einführte. Danach muß ein Spieler nach
einem Zeitablauf von 15 Minuten die nächsten Punkte alle innerhalb einer Serie von 12 Schlägen erzielen, oder er verliert den Punkt
kampflos an den Gegner.

Interessant war die von der ITTF in der Saison 1931/32 eingeführte
Bestimmung, daß es nur noch *Spieler* gibt, also weder Berufsspieler
noch Amateure. Jeder Verband hatte die Möglichkeit, selbst zu
entscheiden, wie er seinen Spieler einstuft. Der Spieler selbst durfte
bei Welt- und Europameisterschaften keinerlei Forderungen stellen; er erhielt dort lediglich das von seinem Verband festgelegte
Taschengeld. Diese Regelung galt bis zum Kongreß 1977 in Bir-
mingham. Dort wurde bestimmt, möglicherweise einen Antrag an
das IOC zu stellen, damit die Verbände, insbesondere im nationalen
Bereich, in den Genuß der Zuschüsse der einzelnen Regierungen
gelangen. Inwieweit dieser Antrag bzw. Vorschlag akzeptiert wird,
ist noch nicht abzusehen; möglicherweise wird dann ein Unterschied
zwischen Berufs- und Amateurspielern getroffen.

Grundlagenwissen

Tischtennis ist eine Schlägersportart und gleichzeitig ein Rückschlagspiel. Die vier beliebtesten und verbreitetsten Schlägersportarten sind heute Tennis, Tischtennis, Badminton und Squash. Großbritannien war das Entstehungsland dieser Sportarten in der jetzigen Form, und zwar in der zweiten Hälfte des 19. Jahrhunderts. Außer Squash werden alle diese Sportarten über ein Netz gespielt. Mädchen und Jungen, Damen und Herren können in Einzel und Doppel eingesetzt werden.

Im Tischtennis wird der Ball im Doppel abwechselnd geschlagen; allerdings darf er nicht ‹volley›, das heißt als Flugball, gespielt werden. Ansonsten sind diese vier Sportarten artverwandt. Allerdings erfordert Tischtennis verstärkte Konzentration; denn die Entfernung zum anderen Partner ist wesentlich geringer und das Spiel wesentlich schneller als bei anderen Sportarten. So war das Spiel mit dem Hartgummischläger verhältnismäßig langsam; indes erreicht ein hart geschlagener Schmetterball – so hat ein Universitäts-Institut festgestellt – eine Geschwindigkeit von 170 km/h. Dagegen weist ein ‹weich› retournierter Ball nur eine Geschwindigkeit von ca. 25 km/h auf.

Der Spannungscharakter ist außerordentlich groß. Spielablauf und die raschen Situationswechsel bergen zahlreiche Überraschungen und Zufälligkeiten, die kaum zu berechnen sind und nur mit größter Aufmerksamkeit verfolgt werden können. Schwächen in einem Teilbereich können durch besondere Fähigkeiten in einem anderen

Teilbereich ausgeglichen werden. Das ständige Erkennen und Er-
fassen von Spielsituationen, die richtige Lösung der Spielaufgabe –
sowohl im technischen als auch im taktischen Bereich – und Täu-
schungshandlungen sind spielbestimmend und liegen im Sektor gei-
stiger Tätigkeit. Alle diese Komponenten zusammengefaßt ergeben
wohl den großen Reiz dieses Spiels.

Das Situationsfeld des Freizeitsportlers ist natürlich ein anderes.
Auch hier sind die Rahmenbedingungen des Spielens, des Gestal-
tens, aber auch des Übens und des Wettkämpfens bedeutungsvoll.
Entscheidend ist, daß man hier empfindet, was man im Sport erlebt,
mit wem man etwas erlebt, wo und in welcher Umgebung und unter
welchen Bedingungen – also Situationen, in die man versetzt und
durch den Sport weitergetrieben wird. Das ist eigentlich das, worauf
es ankommt – die Zielsetzung im Freizeitsport ist nicht primär. Man
will auch die wichtigsten Bewegungseigenschaften wie Kraft, Gewandtheit, Schnelligkeit, Ausdauer und Beweglichkeit nachweisen.
– Alles zusammen bewirkt ein objektives und subjektives Wohlbe-
finden.

Im übrigen zählt Tischtennis zu den beliebtesten Sportarten der
Welt; circa 24 Millionen Menschen haben sich für diese Sportart
entschieden. Schwerpunkt ist Asien. In Europa liegt nur die UdSSR
vor der Bundesrepublik Deutschland; aber auch hier gehört Tischtennis zu den führenden und beliebtesten Sportarten.

Die alle zwei Jahre ausgetragenen Weltmeisterschaften werden von
rund siebzig Nationen besucht und sind damit die größte Hallen-
sportveranstaltung der Welt. An Europameisterschaften nehmen
über dreißig Nationen teil. Treffen Spitzenkönner aufeinander, insbesondere die ‹Ballartisten› aus China, Japan und Korea, rufen
solche Begegnungen Beifallsstürme hervor. Oft erwies sich eine
vorgesehene Großsporthalle als zu klein.

Die Organisation des Tischtennissports lehnt sich an die anderer
Sportarten in der Bundesrepublik Deutschland an. Es gibt einen
Dachverband, den Deutschen Tisch-Tennis Bund (DTTB); diesem
gehören wiederum vier Regionalverbände (Nord, West, Südwest
und Süd) und 15 Landesverbände (Baden, Bayern, Berlin, Bremen,
Hamburg, Hessen, Niedersachsen, Pfalz, Rheinhessen, Rheinland,
Saarland, Schleswig-Holstein, Südbaden, Westdeutscher Tischten-
nis-Verband, Württemberg-Hohenzollern) an.

Weit mehr als 8000 Tischtennisvereine und -abteilungen verteilen sich auf Städte, Gemeinden und Ortschaften. Paßmäßig sind 502 878 Spielerinnen und Spieler erfaßt; einer Umfrage eines Meinungsforschungsinstituts zufolge gibt es in der Bundesrepublik Deutschland jedoch fast sieben Millionen tischtennisspielende Menschen.

Wie schon an anderer Stelle ausgeführt: Tischtennis *spielen* kann man nahezu überall! Will man jedoch Tischtennis *lernen*, verhält es sich etwas anders. In diesem Fall muß man sich einem der zahlreichen Vereine oder Abteilungen anschließen. Der moderne Verein verfügt über Übungsleiter, Trainer und entsprechendes Fachpersonal, das in der Lage ist, das Tischtennisspiel ‹von der Pike auf› zu lehren. Regelmäßige Trainingsabende, aber auch Lehrgänge und Trainingslager gehören heute zum Angebot eines gut geführten Vereins. Kann man sich allerdings nicht dazu entschließen, einem Verein beizutreten, bieten privat organisierte Tischtennisschulen ebenfalls zahlreiche Möglichkeiten, das Spiel zu erlernen.

Nach Möglichkeit sollte man im Alter von acht bis zehn Jahren mit dem Tischtennisspiel beginnen. Auf der anderen Seite gibt es viele Beispiele dafür, daß Spieler, die sehr viel später begonnen haben, sich noch zur Spitze emporarbeiten konnten.

Über welchen Zeitraum sich eine Ausbildung erstreckt, ist nur sehr schwer abzuschätzen. Früher vertrat man die Meinung, daß bei intensivem Training, das heißt drei- bis viermal pro Woche, die Spitzenklasse erreicht werden kann. Bedingt durch die 1959 auf dem Kongreß der International Table Tennis Federation (ITTF) in Dortmund eingeführte Schlägerstandardisierung kommt es nun ständig zu Veränderungen des Schlägerbelags, die zwar im Rahmen der Bestimmungen liegen, aber doch andere Eigenschaften aufweisen – und damit auch zur Änderung dieser Ansicht. Heute ist man zu der Auffassung gelangt, daß nur derjenige zum Spitzenspieler avancieren kann, der einen Schaumgummibelag, gleichgültig welcher Art, spielt. Hierbei setzt man – bei intensivstem Training, also mindestens viermal wöchentlich circa zwei bis drei Stunden plus Wettkampf – eine Ausbildungszeit von circa zwei bis zweieinhalb Jahren an. Die zahlreichen Turnier- und Wettkampfklassen lassen jedoch einen kontinuierlichen Aufstieg und damit einen kontinuierlichen Aufbau der Spielstärke zu, ohne daß man die Freude an diesem Sport verliert.

Die Kosten für die Ausbildung halten sich sehr gering. Die Tischtennisvereine liegen heute mit ihren Beiträgen meist an der untersten Grenze. Man muß mit DM 2,– bis DM 6,– pro Monat rechnen. Für diesen doch sehr geringen Beitrag stellt der Verein sein Fach- und Lehrpersonal zur Verfügung. Weitere finanzielle Verpflichtungen kommen auf den einzelnen Spieler nicht zu, es sei denn, er wünscht seine Ausbildung durch Verpflichtung eines speziellen Trainers oder Besuch einer privaten Tischtennisschule zu forcieren. Ist eine gewisse Leistungsstärke erreicht, besteht die Möglichkeit der Hinzuziehung zu Lehrgängen der Verbände oder des Bundes, die von hauptamtlichen Tischtennistrainern geleitet werden.

Die Ausrüstung ist, wie schon ausgeführt, für jeden erschwinglich. Bei Ansetzung der Kosten kann man sich jedoch nur an einem Durchschnittswert orientieren. Danach benötigt ein Hobby- und Freizeitsportler ca. DM 250,– bis DM 300,– und ein Leistungssportler ca. DM 600,– bis DM 650,–, um sich die notwendige Ausrüstung, inklusive Tischtennistisch und Trainingskleidung, zu beschaffen.

Ratsam für den Anfänger ist es, mit einem einfachen und unkomplizierten Schläger zu beginnen und nach und nach, entsprechend seiner Leistungssteigerung, auf einen besseren Schläger überzuwechseln. Unter ‹besser› versteht man ein härteres und damit schnelleres Holz (Schlägerblatt) und einen hochentwickelten, das heißt empfindlichen und ebenfalls schnelleren bzw. speziellen Belag. Die meisten Veränderungen betreffen den Belag, und so wird ein routinierter Spieler in den meisten Fällen nur seinen Belag auswechseln, es sei denn, das Schlägerblatt ist defekt oder gebrochen; der Belag kann problemlos und einfach selbst aufgezogen werden (siehe Kapitel «Ausrüstung»).

Ausrüstung

Zur Grundausstattung für das Tischtennisspiel gehören folgende
Sportartikel:
1. Schläger und Beläge
2. Bälle
3. Tisch
4. Netz
5. Kleidung
6. Schuhe
Für den Trainingsbetrieb im Verein ist empfehlenswert ein
7. Roboter (Ballwurfmaschine).
Voraussetzung für den Spielbetrieb ist schließlich ein geeigneter
8. Raum.

1. Schläger und Beläge

Ein Tischtennisschläger besteht aus *Schlägergriff, Schlägerblatt* und
Schlägerbelag. Vom Material, vom Aufbau, von der Form und
schließlich vom Preis her gibt es ein großes Angebot an Schlägern
und Belägen, das zu übersehen dem Anfänger nicht leichtfällt. Da
von der Wahl des Schlägers und des Belags nicht zuletzt Technik
und Taktik abhängen, sollte man sich vor einem Kauf gründlich mit
diesem Sportgerät auseinandersetzen. – Wichtig ist zunächst, daß
der Schläger fest in der Hand liegt. Der Griff muß also eine der
Handspanne entsprechende Stärke haben. Schlägergriff und Schlägerblatt bestehen aus mehrfach verleimtem Holz, wobei die Kleb-
stoffschichten auch zur Verstärkung Fasermaterial (sogenannte
«Karbon-Schläger») enthalten dürfen. Kunststoffschläger, die billi-
ger und obendrein wetterbeständig sind, werden nur im Freizeitbe-
reich verwendet; für den Wettkampfsport sind sie nicht zugelassen.
Ferner gibt es Schläger, deren hölzernes Blatt mit einer dünnen
Kunststoffschicht überzogen ist. Sie sind unbeschränkt zulässig und
im Freien zu verwenden, da sie sich bei Nässe nicht verziehen.
Ein Holzschlägerblatt besteht aus drei bis zehn Schichten. Als
Faustregel gilt: Je mehr Schichten der Schläger hat, desto stabiler
und ‹schneller› ist er – freilich auch teurer. Der Mehrpreis lohnt sich
aber; denn solche Schläger, die normalerweise fünffach verleimt
sind, haben eine höhere Elastizität, sind formstabiler und halten
länger als die billigen Angebote. Zudem lassen sich mit ihnen die

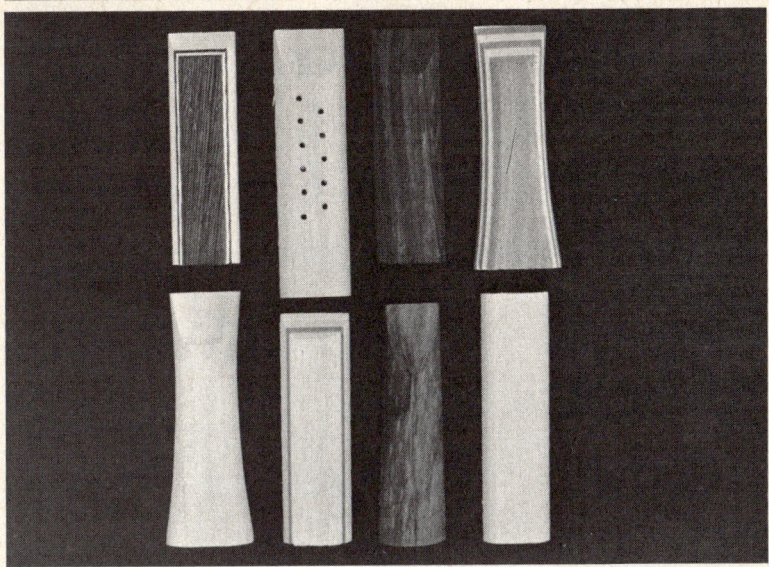

1: Schlägergriffbauteile
2: Schlägergriff im Querschnitt – vielfach verleimt (oben) oder aus zwei Teilen bestehend (unten)

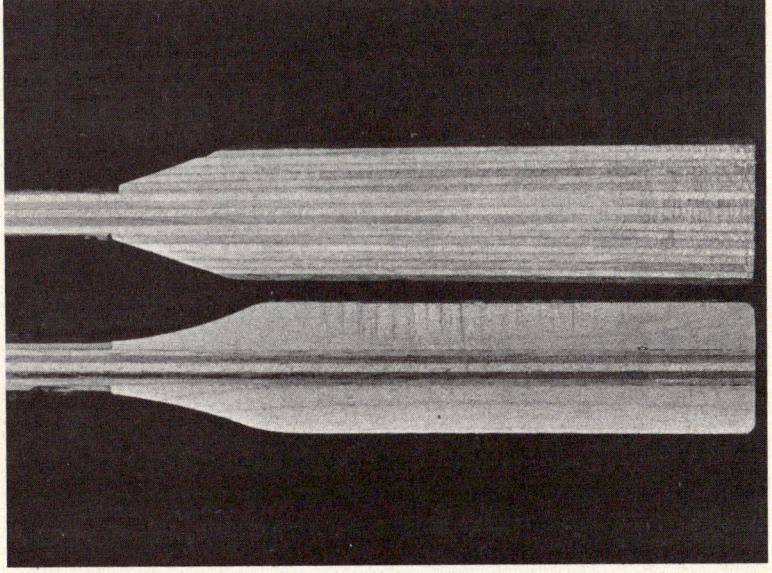

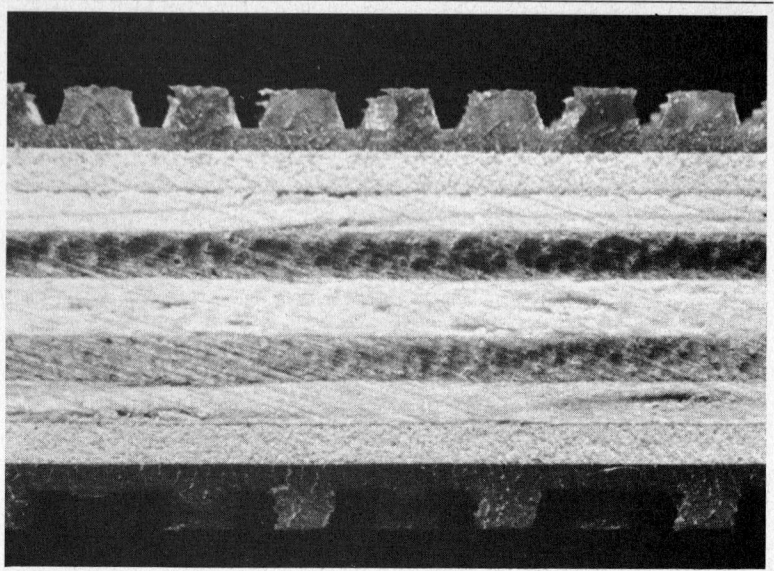

3: Schlägerblatt im Querschnitt

Bälle besser und gleichmäßiger schlagen. – Schläger mit mehreren
Schichten eignen sich besonders für Angriffsspieler. Abwehrspieler
bevorzugen dagegen Schläger mit wenigen Schichten, da diese eine
höhere Bremswirkung haben.

Für die Technik des Spiels und die Taktik des Spielers sind die
Beläge von entscheidender Bedeutung. Folgende Beläge stehen zur
Verfügung:

- einfache *Noppengummibeläge*. Hier sind die Noppen mit einem
  Spezialkleber auf einer mit Leinwand durchzogenen dünnen
  Gummischicht aufgebracht. Dieser Belag wird nahezu aus-
  schließlich im Verteidigungsspiel eingesetzt und von älteren
  Spielern, die nicht mehr die zum Angriffsspiel erforderliche
  Grundschnelligkeit haben.

- *Backside-, Sandwich-* und *Noppeninnenbelag*. Hier wird auf eine
  gepreßte Schwammschicht von 0,5 bis 2 mm Stärke ein Noppenbelag, der nicht mit Leinwand durchzogen ist, umgekehrt aufgebracht, so daß die Noppen nach innen ragen. Mit diesem Belag,
  den es in verschiedenen Ausführungen gibt, ist das Angriffsspiel
  am einfachsten zu erlernen und am besten auszuführen.

Backsidebeläge sind schon für den Anfänger zu empfehlen. Beim Backsidebelag ist die Rotation bei Angriffsschlägen am größten in der Reihenfolge gegenüber Soft–Noppen–Antitopspin bei gleichen Voraussetzungen (Schlagtechnik etc.). Aus diesem Grunde wird die Flugkurve des Balls nach dem Aufsprung etwas höher und länger. Für das Verteidigungsspiel eignet sich wegen der größten Bremswirkung der Antitopbelag am besten; danach folgen Noppengummi, Soft und Backside (siehe *Abbildung 1* und *2*).

- *Noppenaußenbelag* (Softbelag). Im Gegensatz zum Backsidebelag zeigen hier die Noppen nach außen. Softbeläge verwenden Angriffsspieler, die ohne Spin (*engl.* «schnelle Drehung») schlagen, und Half-Volley- oder Blockballspieler, hauptsächlich auf

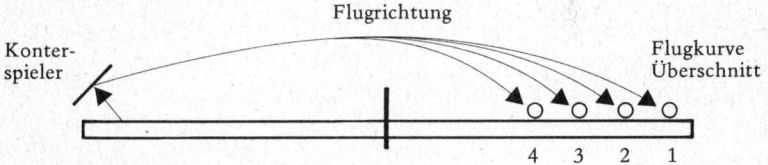

Abb. 1: Kontern bei gleicher Schlagausführung mit unterschiedlichem Belagmaterial
1 = Backside   3 = Noppengummi
2 = Soft   4 = Antitopspin

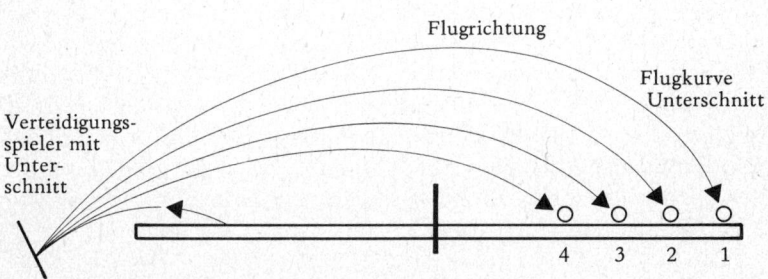

Abb. 2: Verteidigen bei gleicher Schlagausführung (Topspin mit Unterschnitt) mit unterschiedlichem Belagmaterial
1 = Backside   3 = Noppengummi
2 = Soft   4 = Antitopspin

der Rückhandseite. Dieser Belag eignet sich also besonders für das schnelle geradlinige Angriffsspiel. Ein mit dem Noppenaußenbelag geblockter Ball kommt sowohl auf den Konterball wie auf den Topspin gefährlicher (kürzer), da die Flugkurve nicht so weit reicht, als wenn mit dem Backsidebelag gespielt wird. Voraussetzung ist natürlich die gleiche Schwammstärke unter dem Noppenbelag.

- *Antitopspinbelag.* Dieser Belag weist eine glatte Oberfläche mit poröser Schwammunterlage auf, die in der Lage ist, den Spin zu neutralisieren. Deshalb wird er nahezu ausschließlich zum Verteidigen verwendet.

Zwischen dem Antitopspinbelag und dem Noppeninnenbelag gibt es zahlreiche Varianten, die jedoch im Spitzensport kaum eingesetzt werden. Erlaubt sind auch verschiedene Beläge und Farben auf der Vor- und Rückhandseite; für Anfänger sind sie nicht zu empfehlen, da sie eine Reihe von Techniken voraussetzen, die noch nicht beherrscht werden.

Für Kinder und Erwachsene ohne große Spielpraxis genügen Schläger mit Backside- und Softbelägen in der Preisklasse zwischen 15 und 20 Mark durchaus den Ansprüchen. Kinder sollten besonders auf die Griffstärke achten.

Fortgeschrittene erhalten einen guten Schläger für 50 bis 60 Mark. Ihnen sind Beläge wie Butterfly, Yasaka, Nagoya oder Antitopspin zu empfehlen.

Beläge sind auswechselbar und wie die Schläger selbst im Fachhandel zu erhalten. Abgespielte Beläge lassen sich mit Benzin oder Aceton ablösen. Spitzenspieler pflegen die Beläge nach 40 bis 60 Stunden Spieldauer zu erneuern, da sie mit der Zeit an Elastizität verlieren. Nachdem das Schlägerblatt gut gereinigt und vollständig frei von alten Belagresten ist, läßt sich der neue Belag mit einem Spezialkleber aufbringen. Zur Aufbewahrung und zum Transport ist unbedingt eine Tischtennis-Schlägertasche zu empfehlen, die für circa fünf bis acht Mark erhältlich ist.

Größe, Form und *Gewicht der Schläger* unterliegen keinerlei Beschränkungen. Aber es gibt in dieser Beziehung auch keine wesentlichen Unterschiede. So liegt etwa das Durchschnittsgewicht eines modernen Schlägers zwischen 130 und 150 g.

Das *Blatt* muß aus Holz bestehen, darf jedoch zur Verstärkung bis zu 7,5 Prozent seiner Dicke Fasermaterial – zum Beispiel Karbon – enthalten. Zwar wurde mit anderen Materialien, vor allem mit Kunststoff, zwei Jahre lang experimentiert; letztlich mochte man sich jedoch nicht dazu entschließen, sie zuzulassen. Das Holz des Schlägerblatts darf beliebig – aber gleichmäßig – dick sein und muß durchlaufen. Verwendet werden oft sehr teure exotische Hölzer, die bis zu neunfach verleimt werden.

Der *Schlägerbelag* muß dunkelfarbig sein. Das gilt übrigens auch für eine nicht belegte Schlägerseite, die gar nicht zum Schlagen benutzt wird. Ferner muß er das ganze Blatt bedecken. Zwar ist es verboten, zwei Beläge übereinander zu kleben, und es sind auf ein und derselben Seite auch keine unterschiedlichen Beläge erlaubt; aber es ist durchaus korrekt, jede Seite mit einem anderen Belag zu versehen. So ergeben sich allein nach den erwähnten Grundbelägen sechs verschiedene Schlägertypen:

Noppen/Noppen, Noppen/Soft, Noppen/Backside, Soft/Backside, Backside/Backside und Soft/Soft.

Es sind jedoch noch etliche Nuancen möglich, wenn man nur an die Möglichkeit denkt, die Dicke der Schwammunterlage bei Sandwichbelägen (1 mm, 1,5 mm, 2 mm, 2,5 mm) zu variieren, genauso wie bei Soft- und Noppenbelägen. Hier können Länge und Breite der Noppen verschieden sein, wobei allerdings die Länge maximal 2 mm betragen darf.

Welcher Schläger ist aber nun der richtige? – Auf diese Frage gibt es natürlich keine Patentantwort. Im Einzelfall wird man ausprobieren und sich vom Fachmann beraten lassen; doch gilt zur Grobeinteilung folgende Faustregel: Je dünner der Belag bzw. die Schwammunterlage, desto größer sind Kontrolle und Ballgefühl. Je dicker der Belag bzw. die Unterlage, desto geringer wird die Kontrolle – dafür nehmen Tempo und Drall (Effet) zu.

2. Bälle

Tischtennisbälle, die nach hartem Schlag Geschwindigkeiten bis zu 170 Stundenkilometern erreichen, müssen enormen Belastungen standhalten. Gewicht (ca. 2,5 g) und Durchmesser (37,2 bis 38,2 mm) sind vorgeschrieben, werden aber nur von den teuersten, nämlich den 3-Stern-Bällen, garantiert eingehalten. Die billigeren 1- und 2-Stern-Bälle, die zum Training oder dem Freizeitsportler

durchaus genügen, sind nicht immer ganz rund und oft zu leicht und
somit für den Wettkampf ungeeignet.

TT-Bälle sind weiß oder gelb, wobei gelbe Bälle gewöhnlich besser
zu sehen sind – es sei denn, die Fußboden- oder Wandfarbe des
Raums ist ebenfalls gelb. Erhältlich sind auch zweifarbige Bälle. Sie
eignen sich gut für Demonstrationszwecke, weil sie die Rotationsbe-
wegungen des Balls sichtbar machen. Für den Wettkampf sind sie
jedoch nicht zugelassen.

Der Preis für TT-Bälle liegt zwischen 0,30 und 1,30 Mark pro Stück.

3. Tisch

Länge (274 cm), Breite (152,5 cm) und Höhe (76 cm) des Tischs
sind genormt, eine matte, also spiegelfreie Oberfläche in dunklem
Ton mit weißer Mittellinie sowie weißen, häufig mit Polyester beschichteten Seiten- und Grundlinien ist vorgeschrieben. Unterschiedlich ist die Stärke der Platte, die 19 bis 20 mm betragen sollte.

Stand- und Rutschfestigkeit sind weitere Kriterien, auf die bei der
Anschaffung besonders zu achten ist. Der besseren Transportier-
barkeit wegen bestehen die meisten Tische aus zwei Platten, unter
die Gestelle montiert sind. Der Tisch sollte fest auf dem Boden
stehen.

Zur raumsparenden Aufbewahrung lassen sich die meisten Unter-
gestelle einklappen und die Plattenhälften auf Rollen fortbewegen.
Um Kratzer zu vermeiden, werden die Spielflächen stets gegeneinander gestellt – also nicht Untergestell gegen Fläche.

Soll der Tisch im Freien stehen bleiben, empfehlen sich wetterfeste
und verzugsfreie Materialien wie Aluminium oder Kunststoff.
Solche Tische kosten zwischen 300 und 500 Mark. Einfache Tische
für den Freizeitsportler sind bereits für 170 Mark erhältlich. Stabile
Wettkampftische mit beschichteten Oberflächen kosten 500 bis 700
Mark, halten aber entschieden länger als ‹billige› Modelle.

Weiterhin gibt es in der Höhe verstellbare Tische, deren Flächen
zudem verkant- und verschiebbar sind. Solche Trainingsgeräte sind
zwar nicht billig, aber nützlich und besonders für Vereine mit
Kinder- und Anfängerunterricht sinnvoll.

Im übrigen haben es Tischkäufer in Deutschland relativ leicht: Seit
1977 sind nach DIN 7898 die Anforderungsmerkmale für Tischten-
nistische in drei Hauptkategorien (A: Hochleistungssport, B:
Schul- und Vereinssport, C: Freizeitsport) genau festgelegt.

4: Wettkampftisch

5: Tischplatten im Querschnitt

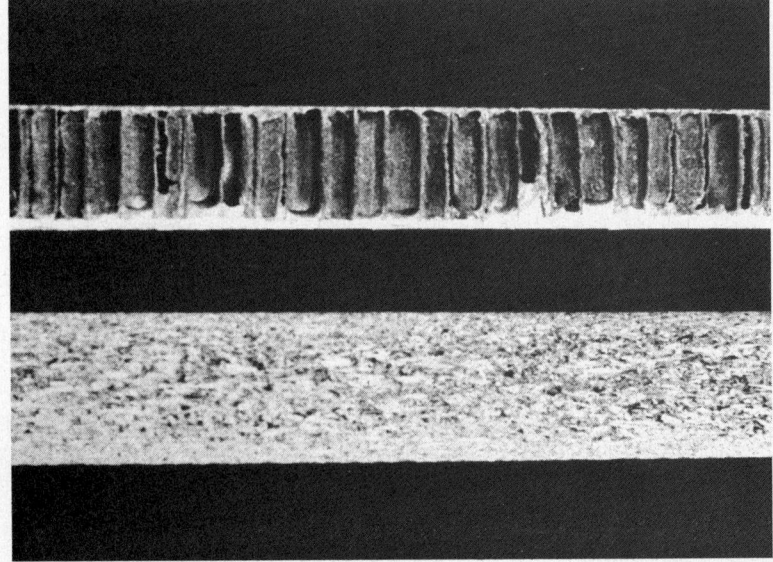

4. Netz

Wie für den Tisch gibt es auch für das Netz Normen. So beträgt die
Netzhöhe 15,25 cm über dem gesamten Tisch, wobei die beiden
Netzpfosten ebenfalls 15,25 cm über die Kanten hinausragen. Zu
kontrollieren ist die Höhe des 183 cm breiten Netzes mit einer
sogenannten Netzlehre, nachzustellen mit Hilfe des Netzfadens
oder über drehbare Netzpfosten.

Ein stabiles Turniernetz kostet zwischen 30 und 60 Mark; zum
Freizeitgebrauch genügen Netze für circa 15 bis 20 Mark.

Beim Kauf sollte man auf folgende Punkte achten:

● Läßt es sich leicht und sicher anbringen?

● Kann die Spannung in der Oberkante problemlos reguliert
werden?

● Ist die Netzhöhe leicht zu verändern bzw. nachzustellen?

● Wirkt die ganze Konstruktion stabil?

● Wenn das Netz für den Wettkampfsport verwendet werden soll:
Entspricht es in allen Punkten den Regeln (zum Beispiel ist es
dunkelgrün; ist eine Spannschnur vorhanden; besteht das Netz
aus weichen, ungeleimten Maschen)? Die Normung von Tisch-
tennisnetzen nach DIN steht kurz vor dem Abschluß.

5. Kleidung

Dem Freizeitsportler sind in puncto Kleidung keine Grenzen gesetzt, soweit diese nicht die Bewegungsfreiheit einengt. Wer regelmäßig spielt, dem sind schon ein Trainingsanzug, Trikots, Shorts
und für die Damen Röcke zu empfehlen, die zusammen etwa 150
Mark kosten. Eine bequem sitzende Hose und ein leichter Pullover
tun es aber auch. Vorschriften gibt es nur im Wettkampfbetrieb, wo
nicht in weißer Kleidung gespielt werden darf, damit sich der Ball
besser vor dem Gegner abhebt.

Außer Weiß sind seit kurzem alle anderen Farben zugelassen; bislang haben sich jedoch erst wenige Spieler an hellere Spielkleidung
gewöhnt. Bei aller Lockerung der strengen ‹Kleidervorschriften›
denkt man jedoch nicht daran, Tischtennisspieler zu bunt werden zu
lassen: Trikot oder Shorts müssen jeweils eine einzige Farbe aufweisen; andersfarbig dürfen nur schmale Einfassungen oder dergleichen sein. Darüber hinaus sind die in Deutschland sehr strengen
Werbevorschriften zu beachten. Danach ist jede ‹Mannwerbung› im
gesamten Wettkampfbereich verboten. Auf der Spielkleidung darf

nur das übliche Firmenzeichen des Herstellers oder Wiederverkäufers angebracht sein, allerdings wiederum nicht so groß, daß dadurch die Einfarbigkeit auffällig unterbrochen würde.

6. Schuhe

Die kurzen und schnellen Schritte des Tischtennisspielers verlangen einen besonders leichten und rutschfesten Schuh. Leinenturnschuhe mit rutschfester Sohle, die circa 30 Mark kosten, sind im Wettkampf am gebräuchlichsten; sie haben allerdings den Nachteil, dem Fuß keinen allzu großen Halt zu geben. Deshalb sollte man im Training einen festeren Schuh tragen, der zwar schwerer ist, aber länger hält und fester sitzt.

7. Roboter

Der Roboter (Ballwurfmaschine) ist eine ideale Trainingshilfe in Vereinen. Die Maschine katapultiert ein ganzes Magazin von Bällen in schneller Abfolge auf den Tisch, wobei Geschwindigkeit und Sektor der auftreffenden Bälle einstellbar sind. Da diese in Schweden produzierten Ballwurfmaschinen etwa 1600 Mark kosten, lohnt sich die Anschaffung nur für größere Vereine. Durch die Geschwindigkeit der Räder sowie die Richtung, die beide einstellbar sind, wird der gewünschte Über- oder Unterschnitt erreicht. Foto 6 und 7 zeigen die Schalttafel und den kompletten Aufbau. Die genaue Einstellung ist aus der Betriebsanleitung des Roboters ersichtlich.

6

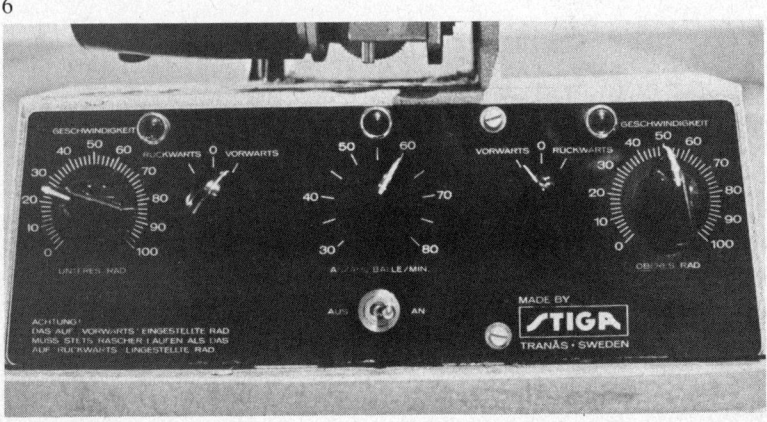

Steht kein Roboter zur Verfügung, dann können die Bälle vom
Trainer eingespielt werden. Dies kann mit Über- oder Unterschnitt
geschehen. Auf der Seite des Trainers sollten zwei Spieler stehen,
die die Bälle mit einem Tuch auffangen. Die Bälle selbst entnimmt
der Trainer einer Schachtel oder einem Eimer (siehe Foto 8).

7

8

8. Raum

Tischtennis kann überall gespielt werden – im Freien, im Hobby-raum oder in der Garage, in der Sporthalle. Wer im Freien spielt, sollte einen geschützten Ort wählen, da die leichten Zelluloidbälle sehr windempfindlich sind.

Innenräume sollten nicht schmaler als drei Meter und nicht kürzer als fünf Meter sein.

Als Faustregel gelten folgende Distanzen des Spielers von der Grundlinie des Tischs:

1. Verteidigungsspieler: ab 1,5 m
2. Halbdistanzspieler: 1 bis 2 m
3. Angriffsspieler: bis 1 m

Ist der Raum zum Beispiel fünf Meter lang – bei einer Tischlänge von 274 cm –, dann stehen jedem Spieler gerade 113 cm von der Tischkante bis zur Wand zur Verfügung. Ein technisch sauberes Verteidigungsspiel ist also in einem solchen Raum nicht möglich, und der Spieler kann bestenfalls in der Halbdistanz abwehren.

Tischtenniswettkämpfe werden in Deutschland überwiegend in Schulturn- oder Sporthallen ausgetragen. Da es relativ wenig selb-ständige Tischtennisklubs gibt, existieren kaum Spielräume, die speziell für Tischtennis gebaut wurden. Das ist ein Nachteil und Vorteil zugleich: Selbst dem kleinen Durchschnittsverein steht für seinen Übungs- und Wettkampfbetrieb gewöhnlich eine Halle zur Verfügung, in der sechs bis acht Tische (vielfach auch mehr) aufge-stellt werden können. Dafür müssen sich diese Tischtennisklubs weitgehend mit den baulich bedingten Gegebenheiten – vom Hal-lennutzungsplan einmal abgesehen – abfinden, wie zum Beispiel

● Beleuchtung: reicht oft nicht aus, so daß zumindest – um die für Spitzenveranstaltungen geforderten 400 Lux zu erreichen – zu-sätzlich Tiefstrahler angebracht werden müssen;

● direkt einfallendes und daher häufig blendendes Tageslicht;

● Fußboden: zwar sind die in den modernen Hallen verwendeten Schwing- und PVC-Böden nicht generell ungeeignet für Tisch-tennis; doch ist ihre Farbe für diesen Sport oft zu hell;

● Wände: vielfach zu hell, so daß sich der Ball kaum abhebt.

International wird übrigens pro Tisch ein Raum von 7 × 14 (natio-nal mindestens 6 × 12) m gefordert. Es ist üblich, den Raum für einen Tisch, in Deutschland «Box» genannt, durch dunkle, etwa 75 cm hohe Umrandungen zu begrenzen.

Auch wenn die technischen und taktischen Möglichkeiten in einem
relativ kleinen Raum begrenzt sind: genügend Spaß kann Tischtennis als Freizeit- und Ausgleichssport auch hier bereiten. Achten Sie
bitte darauf, daß der Fußboden nicht zu glatt (notfalls mit nassem
Feudel den Boden wischen) und ausreichendes Licht vorhanden
sind. Und wenn Sie Ihren Hobbyraum renovieren: Wählen Sie keine
weiße Wandfarbe, sondern geben Sie einen Ton hinein. Dann sehen
Sie den Ball besser.

Regelkunde

Seit mehr als fünfzig Jahren wird Tischtennis auf der ganzen Welt
nach einheitlichen, von der ITTF (International Table Tennis Federation) herausgegebenen Regeln gespielt. In Deutschland gilt darüber hinaus die «Wettspielordnung des DTTB» (Deutscher Tisch-
Tennis Bund), die vor allem den offiziellen Spielverkehr in der
Bundesrepublik – Einzel- und Mannschaftsmeisterschaften, Punkt-
spielbetrieb – regelt. Sowohl die internationalen Tischtennisregeln
als auch die Wettspielordnung des DTTB sind im vollständigen
Wortlaut nachzulesen im «Handbuch des Deutschen Tisch-Tennis
Bundes».
Im folgenden werden die wichtigsten *Regeln* vorgestellt.

Zählweise
Tischtennis ähnelt sicher nicht nur im Namen dem Tennis; jegliche
Gemeinsamkeit endet aber spätestens bei der Zählweise: Ein Satz
ist von dem Spieler gewonnen, der zuerst 21 Punkte erreicht. Bei
einem Spielstand von 20 : 20 kommt es zur «Verlängerung», das
heißt: Satzgewinner ist der Spieler, der danach zuerst zwei Punkte
mehr erzielt als sein Gegner – zum Beispiel 22 : 20. In Mannschafts-
wettbewerben sowie in allen Jugendkonkurrenzen wird auf zwei, in
Einzel- und Doppelwettbewerben der Erwachsenen wird gewöhnlich auf drei Gewinnsätze (knappstes Ergebnis also 3 : 2) gespielt.
Kommt es zum Entscheidungssatz, müssen die Spieler die Seiten
wechseln, sobald der erste von ihnen zehn Punkte erzielt hat. Bis
dahin werden die Seiten jeweils nach Beendigung eines Satzes gewechselt.

Aufschlag

Vor Beginn eines Spiels losen die Spieler (Münze, Chip) um das Recht der Aufschlag- bzw. Seitenwahl. Dabei muß auch dem Verlierer des Loses immer eine Alternative bleiben. Entscheidet sich der Losgewinner für die rechte oder linke Seite des Tischs, so hat der Verlierer des Loses die Wahl zwischen Auf- oder Rückschlag. Allerdings kann der Losgewinner auch verlangen, daß der andere zuerst wählt.

Weniger erfahrene Spieler scheinen nur eine dieser Möglichkeiten zu kennen oder halten eine Anwendung der übrigen für unfeine Mittel der psychologischen Kriegführung. Weitaus die meisten Losgewinner greifen nach dem Ball und entscheiden sich damit für das Recht, die ersten fünf Aufschläge auszuführen, während die Verlierer von ihrer Wahlmöglichkeit überhaupt keinen Gebrauch machen.

Beim Aufschlag wird der Ball auf den Handteller der «freien» (die andere heißt «Schlägerhand»), über Tischhöhe ruhig gehaltenen Hand gelegt. Dabei müssen die Hand flach und geöffnet, der Daumen abgespreizt und die Finger gestreckt sein, damit dem Ball keine unzulässige Drehung versetzt werden kann. Dann wird der Ball möglichst senkrecht – mindestens 45 Grad – hochgeworfen. Er darf erst geschlagen werden, wenn er wieder herabfällt, und zwar auf jeden Fall hinter der Grundlinie oder ihrer imaginären Verlängerung (siehe *Abbildungen 1* und *2*).

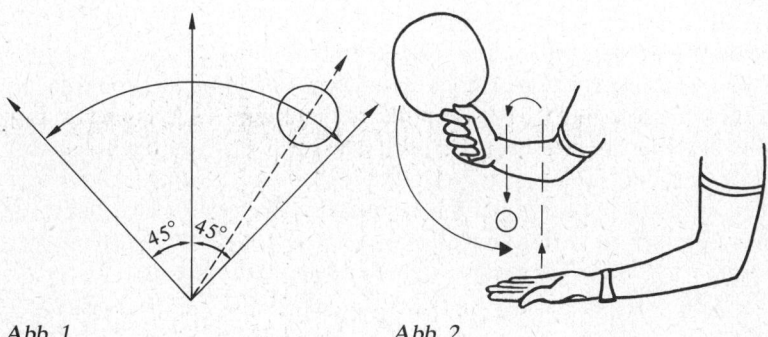

Abb. 1   *Abb. 2*

Es gibt übrigens keine Regel, die so häufig geändert wurde wie diese. Das hat einen durchaus einleuchtenden Grund: Man möchte eine ähnliche Entwicklung wie im Tennis vermeiden, wo Aufschläge vielfach spielentscheidend sind und oft keine Ballwechsel mehr zustande kommen. Die ideale Aufschlagregel im Tischtennis sollte so aussehen, daß der Aufschlag durchaus einen Vorteil bietet, aber dennoch dem Gegner eine faire Chance läßt, ihn zu retournieren. Schließlich müßte eine solche Regel auch kontrollierbar sein. Diese Forderung ist bislang nicht erfüllt. Es bleibt allerdings zu fragen: Welcher Schiedsrichter hat beispielsweise einen ‹eingebauten› Winkelmesser?

Nachzutragen ist, daß der Aufschlag nach jeweils fünf Punkten – in der Verlängerung und während der Wechselmethode (siehe unten) nach jedem Punkt – wechselt.

Punkte

Der Spieler erzielt einen Punkt, wenn sein Gegner

- einen falschen Aufschlag macht;
- den Ball nicht oder nicht richtig zurückschlagen kann;
- den Tisch bewegt;
- das Netz oder seine Halterung berührt;
- den Ball über seiner Tischhälfte berührt, bevor er darin aufgesprungen ist;
- den Ball, absichtlich oder unabsichtlich, mit dem Schläger oder der Schlägerhand als Flugball (das heißt direkt aus der Luft) annimmt. Dabei ist es unerheblich, ob ein solcher Ball über oder hinter dem Tisch bzw. diesseits oder jenseits der Grund- oder Seitenlinien angenommen wurde;
- die Spielfläche mit seiner freien Hand berührt.

Dieses Verbot, mit der freien Hand die Spielfläche zu berühren, ist eine merkwürdige Regel; denn mit jedem anderen Körperteil darf die Spielfläche durchaus berührt werden. Der Spieler kann sich sogar auf den Tisch setzen oder hinaufspringen, solange er dabei die Spielfläche nicht bewegt. Sinn der Regel war einmal, ein Aufstützen des Spielers zu verhindern. Im modernen Tischtennis ist sie kaum mehr als ein Zopf, den man vergessen hat abzuschneiden.

Wiederholung

Ein Ballwechsel wird – ohne daß einer der Spieler einen Punkt verliert – wiederholt, wenn

- der Ball beim Aufschlag das Netz oder seine Halterung berührt, dann aber richtig in der Spielfeldhälfte des Gegners aufspringt (Netzaufschlag) oder – ebenfalls nach Netzberührung beim Aufschlag – vom Rückschläger als Flugball angenommen wird;
- zu früh aufgeschlagen wird und der Gegner noch nicht spielbereit ist;
- der Schiedsrichter (bei der Wechselmethode der Zeitnehmer) das Spiel aus irgendeinem Grund unterbricht, zum Beispiel:

  zerbrochener Ball während des Ballwechsels,

  Störungen wie plötzlich auftretende akustische, optische oder motorische Ereignisse, die den Spieler behindern oder ablenken, ohne daß er einen Einfluß darauf hätte (der Doppelpartner kann jedoch niemals «Störung» sein),

  falsche Reihenfolge beim Aufschlag,

  vergessener Seitenwechsel,

  Ende der fünfzehnminütigen Spielzeit (Fortsetzung des Spiels nach der Wechselmethode)

Wechselmethode

Nachdem immer mehr Verteidigungskünstler mit stundenlangen «Löffelpartien» – am berüchtigtsten ist da wohl jener über zwei Stunden dauernde Fight, den sich einst der Rumäne Paneth und der Pole Ehrlich um den allerersten Punkt in ihrem Match lieferten – die Zuschauer zu vergraulen drohten, wurden schon bald Maßnahmen gegen das sogenannte Zeitspiel ergriffen. Zuerst verringerte man die Netzhöhe von 17,5 auf die noch heute geltenden 15,25 cm. Dann wurden verschiedene Zeitbegrenzungen – zunächst für das ganze Spiel, danach für den einzelnen Satz – vorgeschrieben. Schließlich führte man nach mehreren Jahren des Experimentierens die heute geltende Wechselmethode verbindlich ein. Danach beträgt die «Normalzeit» für einen Satz 15 Minuten, die von einem Zeitnehmer mitgestoppt werden. Sobald die Zeit abgelaufen ist, unterbricht er das Spiel, und die eigentliche Wechselmethode tritt in Kraft. Das bedeutet:

- Der Aufschläger muß innerhalb von zwölf Schlägen (wobei der Aufschlag selbst nicht mitgezählt wird) einen Punkt erzielen; gelingt ihm das nicht, wird der Punkt dem Rückschläger zugesprochen.
- Der Aufschlag wechselt nach jedem Punkt.
- Sobald in einem Spiel die Wechselmethode eingeführt wurde, muß nicht nur der betreffende Satz, sondern das ganze restliche Spiel nach dieser Methode zu Ende geführt werden.

Da hier der jeweilige Aufschläger zur Aktivität – sprich: zum Angreifen – gezwungen wird, ist das «Recht» des Aufschlags in der Wechselmethode eher ein Nachteil – daher auch sein Wechsel nach jedem Punkt. Um das Risiko gerechter zu verteilen, wer bei Einführen der Wechselmethode als erster aufschlägt, schreibt die Regel folgendes vor: Unterbricht der Zeitnehmer das Spiel wegen Ablaufs der 15 Minuten *während* eines Ballwechsels, so schlägt danach derselbe Spieler weiter auf. Kommt der «Stopp!»-Ruf des Zeitnehmers jedoch *zwischen* zwei Ballwechseln, so muß der bisherige Rückschläger den ersten Aufschlag danach ausführen.

Immer noch ist es natürlich möglich, daß ein Spiel anderthalb Stunden dauert – wenn nämlich die Spieler vier Sätze lang knapp unter 15 Minuten bleiben und im letzten Satz schließlich die Wechselmethode angewandt wird. Um zumindest die Möglichkeit zu geben, die Zeit bis zum Einsetzen der Wechselmethode – und damit natürlich die Totalzeit – zu verkürzen, kann auf Verlangen der beteiligten Spieler die Wechselmethode *jederzeit* vor Ablauf der Normalzeit eingeführt werden, also zum Beispiel auch bei 0 : 0 im ersten Satz. Allerdings haben erst sehr wenige von dieser seit 1975 geltenden Möglichkeit Gebrauch gemacht.

Doppelspiele

Alle bisher geschilderten Regeln gelten sinngemäß auch für Doppelspiele, die man übrigens in den Anfängen des Tischtennissports arg vernachlässigt hat. Darüber hinaus muß man folgendes beachten:

Aufschlag: Die Mittellinie (3 mm breit) teilt die Spielfläche beim Aufschläger in eine rechte und linke Aufschlag-, beim Rückschläger in eine rechte und linke Rückschlaghälfte, wobei rechts und links jeweils vom Spieler aus zu sehen sind. Der Aufschlag wird diagonal von rechts ausgeführt, das heißt, der Ball muß zuerst in der rechten Aufschlaghälfte aufspringen, das Netz passieren und dann die rechte Rückschlaghälfte bzw. auch die Mittellinie selbst berühren (siehe *Abbildung 3*).

Reihenfolge: Anders als beim Tennis müssen alle vier Spieler abwechselnd schlagen. Zu Beginn entscheidet das Paar, das die ersten fünf Aufschläge ausführen wird, wer von beiden erster Aufschläger sein soll (in unserem Beispiel unten: A). Daraufhin entscheidet das rückschlagende Paar, wer von beiden erster Rückschläger ist (in unserem Beispiel: X). Im zweiten Satz schlägt das andere Paar zuerst auf (XY) und benennt zunächst wieder seinen ersten Aufschläger (in unserem Beispiel: X). Da in jedem Satz die Rückschlagreihenfolge umgekehrt ist wie im vorigen (und nach dem Seitenwechsel im Entscheidungssatz umgekehrt wie vor dem Seitenwechsel), liegt die übrige Reihenfolge damit fest. Aber nochmals: Zu Beginn jedes Satzes bestimmt das aufschlagende Paar selbst, wer erster Aufschläger ist.

Beispiel für Auf- und Rückschlagreihenfolge im Doppel AB–XY
1. Satz: A zu X, X zu B, B zu Y, Y zu A, A zu X usw.
2. Satz: X zu A (oder Y zu B), A zu Y, Y zu B, B zu X usw.
3. Satz (und 5. Satz bis Seitenwechsel): wie 1. Satz, 4. Satz (und 5. Satz nach Seitenwechsel): wie 2. Satz

Aufschlag im Doppel:
A = Aufschläger
R = Rückschläger

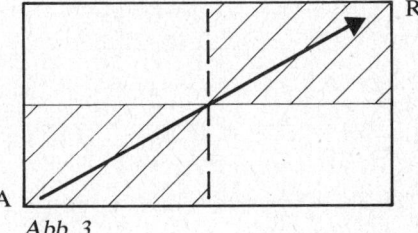

Abb. 3

Fragen zu den Regeln   *Antworten*

1. Ein Spieler wirft den Ball aus dem Handteller zum Aufschlag hoch, trifft ihn jedoch nicht, so daß er zu Boden fällt.

1. Fehler (Ball nach Hochwerfen im Spiel, aber kein korrekter Aufschlag zustande gekommen)

2. Wie 1. Da er den Ball jedoch sehr hoch geworfen hat, gelingt es ihm bei einem zweiten Versuch – bevor der Ball den Boden oder einen anderen Gegenstand berührt hat –, den Ball zu schlagen und den Aufschlag auszuführen.

2. kein Fehler

3. Während der Anwendung der Wechselmethode gelingt es dem Rückschläger, auch den 12. Schlag des Aufschlägers zu ‹erwischen›. Der Ball springt von seinem Schläger in seiner Hälfte auf, bleibt dann aber im Netz hängen.

3. Fehler für Rückschläger – der 12. Schlag des Aufschlägers muß richtig ‹zurückgebracht› werden, das heißt, er muß das Netz passieren und in der Spielfeldhälfte des Aufschlägers aufspringen.

4. Sehr weit außen stehend, schlägt A einen Ball aus einem solchen Winkel zurück, daß er – ohne das Netz zu passieren – direkt im Spielfeld seines Gegners aufspringt.

4. kein Fehler – der Ball muß «über das Netz» oder «um das Netz herum» auf die gegnerische Spielfeldhälfte gelangen.

5. Sind die in der Abbildung dargestellten Kantenbälle als Fehler zu zählen?

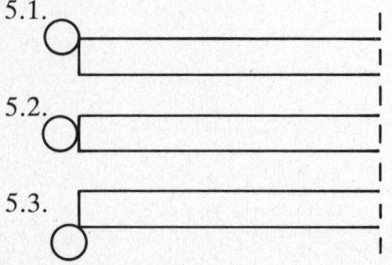

5.1.

5.2.

5.3.

5.1. kein Fehler – die oberen Kanten gehören zur Spielfläche

5.2. Fehler – die sogenannten Seiten- oder Außenkanten (Randverstärkungen) gehören nicht zur Spielfläche

5.3. Fehler (siehe 5.2)

Technik

Methodik für Anfänger

Schlägerhaltung
Eine der wichtigsten Voraussetzungen für den Tischtennissport ist
die richtige Schlägerhaltung. Wir unterscheiden grundsätzlich zwei
Arten der Schlägerhaltung, nämlich die Shakehand- und die Penholderhaltung.
Die gebräuchlichste ist die Shakehandhaltung (Foto 1), die in der
ganzen Welt praktiziert und in Europa fast ausschließlich gespielt
wird; sie kommt der Mentalität des Europäers mehr entgegen als die
Penholderhaltung (Foto 2).

1

2

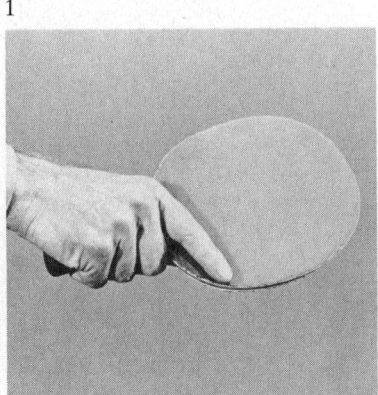

Umgekehrt ist es bei den Asiaten, deren Eßgewohnheiten mit Stäbchen eine gewisse Ähnlichkeit mit der ‹graziösen› Penholderhaltung aufweist.
Bei der *Shakehandhaltung* wird der Schläger so angefaßt, als wenn man jemandem die Hand zum Gruße reicht. Daumen und Zeigefinger liegen parallel gestreckt auf dem Schlägerblatt, die restlichen drei Finger umfassen fest den Griff. Die Seite, auf der der Daumen liegt, bezeichnet man mit *Vorhandseite* (Foto 3), die, auf der der Zeigefinger liegt, mit *Rückhandseite* (Foto 4).

Fehler
- Zeigefinger und Daumen liegen nicht auf dem Schlägerblatt – ungünstige Schlagführung; der Schläger kann nicht gleichmäßig gehalten werden (siehe Foto 5 und 6).
- Zwei oder mehr Finger liegen auf der Rückhandseite – Hebelwirkung zu gering (siehe Foto 7).
- Daumen oder Zeigefinger liegen an dem Schlägerblatt nicht voll an, sondern sind abgewinkelt – die Schlaghaltung verkrampft (siehe Fotos 8 bis 10).
- Schläger wird zu locker gehalten – unsichere Schlagführung.

3   4

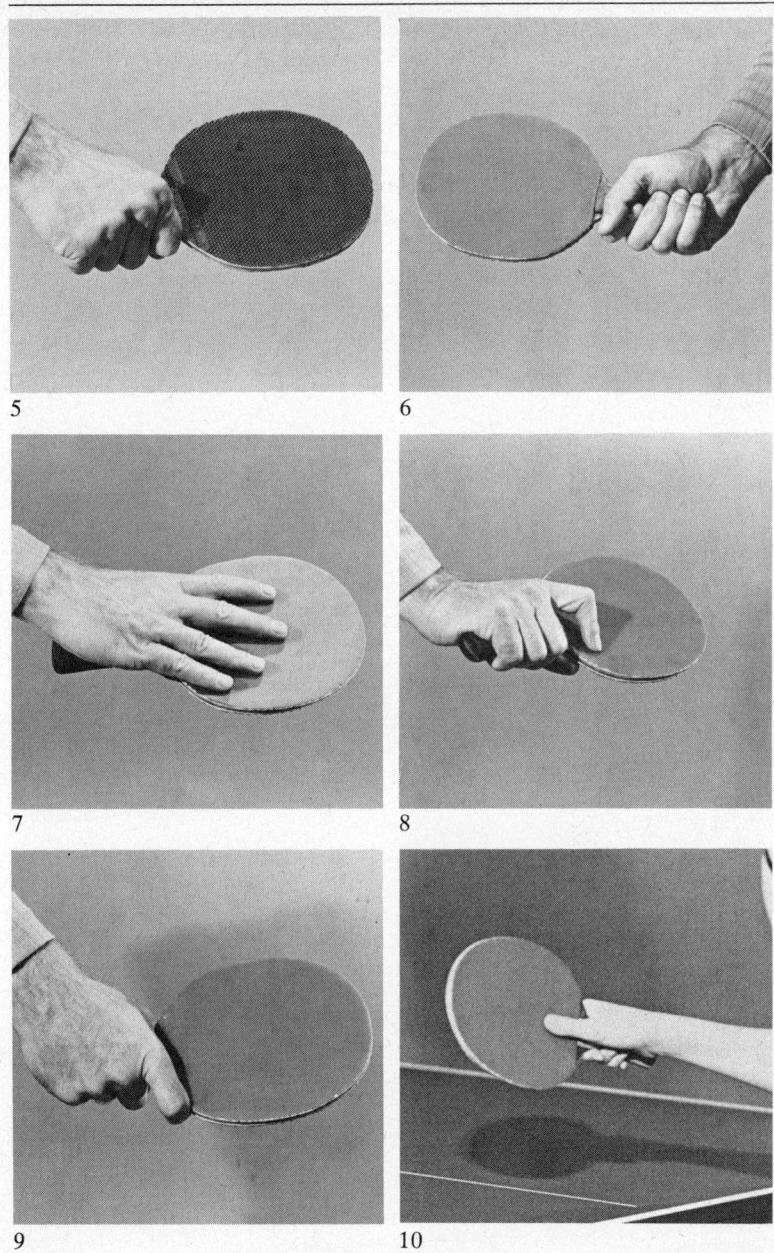

5

6

7

8

9

10

Die Asiaten bevorzugen die *Penholderhaltung.* Wie der Name sagt, wird der Schläger wie ein Federhalter angefaßt. Daumen und Zeigefinger umfassen den Griff und liegen an der Vorhandseite (Foto 11); die restlichen drei Finger stützen sich auf die Rückhandseite (Foto 12).

Die Vorteile der Shakehandhaltung liegen in der besseren Ausführung des Topspin, vor allem des Rückhandtopspin und der günstigeren Handhabung des Schlägers. Deshalb nehmen alle guten Topspinspieler, auch die Asiaten, Shakehandhaltung ein. Ferner ist das Blocken des Topspin mit Penholder sehr schwierig, ebenso das reine Abwehrspiel, speziell die Rückhandabwehr; denn diese Ausführungen entsprechen nicht den natürlichen motorischen Abläufen im Menschen.

Vorteile mit Penholder hat allein der reine Angriffsspieler; denn durch die schwächere Rückhand ist dieser gezwungen, so oft und so schnell wie möglich bedingungslos den Vorhandangriff einzusetzen. Mit dieser Haltung sind alle Bälle, auch extrem kurze, gut zu schlagen. Insofern ist die Penholderhaltung sehr schnellen Spielern, die fast ausschließlich angreifen (ohne Spin), zu empfehlen.

Ein eindeutiger Vorteil kann keiner Schlägerhaltung zugesprochen werden, was auch aus den Weltranglisten ersichtlich ist. Bei den Herren wie bei den Damen sind in der Spitze Penholder- und Shakehandhaltung vertreten, auch wenn die letztere ein leichtes Übergewicht einnimmt.

11   12

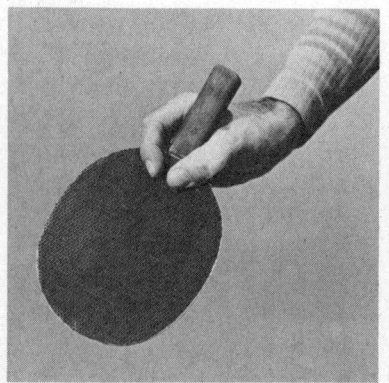
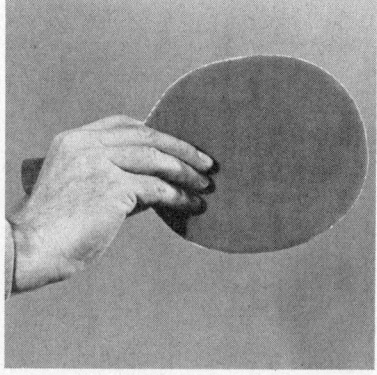

Stellung zum Ball

Von der Ausgangsstellung her muß der Spieler die Möglichkeit haben, jede andere Position schnell und günstig zu erreichen.

Für den Anfänger liegt die Ausgangsstellung vor der Mitte des Tischs, wobei die Entfernung von der Grundlinie je nach Alter, Größe und Reichweite des Spielers zwischen 0,25 m und 0,50 m schwankt. Der Spieler kann ungefähr mit gestrecktem Arm die Oberkante des Tischs erreichen (siehe Foto 1).

Der Oberkörper ist etwas nach vorn gebeugt. Der Kniewinkel zwischen Ober- und Unterschenkel beträgt ca. 90 bis 120 Grad. Die Oberschenkel sind fast geschlossen, Beine und Füße gehen von den Knien abwärts zunehmend auseinander. Eine gelockerte, nicht verkrampfte Haltung des Körpers ist Voraussetzung für die erfolgreiche Eröffnung des TT-Spiels.

Der Schläger als Verlängerung des Spielarms zeigt senkrecht zum Tisch. Der Oberarm liegt fast am Oberkörper an; der Unterarm setzt sich ungefähr im rechten Winkel fort (siehe Foto 2).

Beim Fortgeschrittenen und Leistungssportler ändert sich die Stellung je nach Spielsystem.

Faustregel
- Angriffsspieler: bis 1 m hinter der Grundlinie
- Halbdistanzspieler: 1 bis 2 m hinter der Grundlinie
- Verteidigungsspieler: ab 1,5 m hinter der Grundlinie

Der Aufschlag wird nicht mehr als 1 m von der Grundlinie des Tischtennistischs entfernt erwartet.

1   2

Aufschlag

Der Aufschlag ist notwendig, um das Tischtennisspiel erst einmal in Gang zu bringen. Er gibt dem Spieler Gelegenheit, auf den Spielrhythmus Einfluß zu nehmen und selbst initiativ zu werden. In zwei entscheidenden Punkten unterscheidet sich der Aufschlag vom Rückschlag:

1. Der Ball muß auf beiden Tischhälften aufspringen.
2. Der Ball wird vom Handteller senkrecht hochgeworfen (nähere Erläuterung siehe Kapitel «Regelkunde») und in der fallenden Phase geschlagen; aus diesem Grund verhält er sich vollkommen neutral. Der Ball hat zu Beginn weder Unter- noch Überschnitt (siehe nebenstehende Bildreihe 1).

Die Stellung beim Rückhandaufschlag ist wie beim Schupfball (siehe Seite 48). Die Belastung des Körpers liegt in der Endphase bei Rückhandaufschlägen auf dem rechten, bei Vorhandaufschlägen auf dem linken Fuß. Schlägerblatt und Schlagausführung weisen in die Richtung, die der Aufschlag nehmen soll.

Grundsätzlich gibt es zwei Aufschlagarten, und zwar mit Überschnitt oder mit Unterschnitt. Auch bei allen anderen Schlagarten haben wir es im Prinzip mit *Überschnitt* (Rotation vorwärts) (siehe *Abbildung 1*) oder *Unterschnitt* (Rotation rückwärts) (siehe *Abbildung 2*) zu tun. *Grundsätzlich gilt:*

- Überschnitt forciert das Tempo des Balls, die Rotation verläuft in derselben Richtung wie die Flugkurve.
- Unterschnitt bremst ab, die Rotation verläuft in entgegengesetzter Richtung zur Flugkurve.

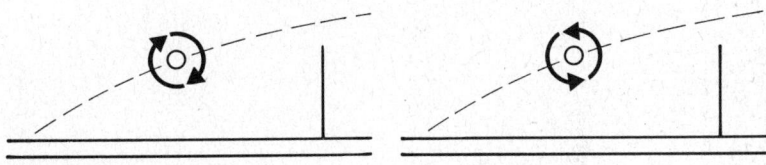

Abb. 1: Überschnitt   *Abb. 2: Unterschnitt*

Aus diesen beiden Grundaufschlägen lassen sich alle Variationen entwickeln, etwa als Rückhand oder Vorhand geschlagen, lang oder kurz, diagonal zu oder parallel mit der Seitenlinie des Tischs. Der Unterschied der beiden Grundaufschlagarten liegt in der Führung des Schlagarms:

- Der Unterschnittaufschlag geht von der Schulterhöhe von oben nach unten und vorwärts dem Netz entgegen (siehe Bildreihe 2 und 4).
- Der Überschnittaufschlag geht 20 bis 30 cm über Tischhöhe etwas nach unten und vorwärts in Richtung Tischmitte (siehe Bildreihe 3 und 5).

Zusätzlich zu diesen einfachen Variationen werden Schwierigkeitsgrad und Wirksamkeit der Aufschläge durch seitlichen Unterschnitt, seitlichen Überschnitt und teilweise durch Topspin oder Sidespin wesentlich erhöht. Das Beherrschen eines guten Aufschlags, der dem Spieler entscheidende Punkte einbringen kann, muß ebenso geduldig geübt werden wie alle anderen Schlagarten.

Bildreihe 2: Rückhand-Unterschnittaufschlag
Bildreihe 3: Rückhand-Überschnittaufschlag
Bildreihe 4: Vorhand-Unterschnittaufschlag
Bildreihe 5: Vorhand-Überschnittaufschlag

Schupfball

Der Schupfball ist der einfachste und zugleich wichtigste Schlag
beim Tischtennis. Er ist in kürzester Zeit zu erlernen, und mit ihm
kann bereits ein Spiel begonnen werden. Hauptsächlich wird er mit
der Rückhand (Bildreihe 1) ausgeführt. – Von dem Schupfball
gehen alle weiteren Schlagarten aus.

Der Schläger ist senkrecht bzw. leicht nach hinten geneigt und wird
in Höhe des Tischs mit angewinkeltem Arm etwas seitlich vom
Körper waagerecht in Richtung Netz geführt. Am Ende des Schlags
ist der Arm gestreckt. Das Körpergewicht verlagert sich beim
Rechtshänder vom hinteren linken Fuß auf den vorderen rechten
Fuß (beim Linkshänder umgekehrt); die Füße zeigen eine leicht
gespreizte Schrittstellung.

Beim Vorhandschupfen (Bildreihe 2) ist die Fußstellung umgekehrt
– wie auch bei allen weiteren Vorhandschlagarten im Gegensatz zu
Rückhand. Der linke Fuß, auf den sich das Körpergewicht verlagert,
steht jetzt vorn, der rechte etwas zurück.

Die Führung des Schlagarms geschieht extrem seitlich vom Körper
waagerecht in Richtung Netz.

Muß jedoch ein kurzer Ball direkt unter dem Netz zurückgegeben
werden, dann ändert sich die Fußstellung. Der rechte Fuß wird in
diesem Fall mindestens auf gleiche Höhe des linken Fußes vorgenommen (vergleiche Foto 1 und 2).

Alle Angaben gelten für Rechtshänder (bei Linkshändern umgekehrt).

1   2

3

4

Fehler
- Der Ball geht ins Aus – über dem Tisch zu schneller Schub des Schlagarms; Schubbewegung verlangsamen.
- Der Ball geht seitlich aus – falsche Grundstellung oder falsche Winkelstellung des Schlägers oder des Schlagarms (siehe Foto 3 und 4).

5

- Der Ball geht ins Netz – Schlägerblatt hat eine zu starke Neigung nach vorn oder der Schlagarm ist nach vorn verdreht (siehe Foto 5).

6   7

- Der Ball steigt zu hoch – das Schlägerblatt ist zu weit geöffnet oder geschlossen (siehe Foto 6 und 7).

Übungsprogramme
Für den Anfänger gilt es zunächst, die einfachen Schlagarten wie Rückhand-Schupfen, Vorhand-Treibball, Rückhand-Kontern und Vorhand-Kontern zu erlernen.
Kinder, die noch wenig mit dem Tischtennissport in Berührung gekommen sind, beginnen mit Ballgewöhnungsspielen. Hierbei werden anfangs nur Schläger, Ball und ein Netzersatz (Seil, Turnhallenbank oder ähnliches) verwendet; erst später werden die Kinder mit dem Tischtennistisch bekanntgemacht.
Wichtig: der Griff des Schlägers darf nicht zu dick für die Kinderhand sein.
Das *Programm für die Ballgewöhnung* dauert sechs bis acht Stunden und umfaßt folgende Übungen (siehe das *Schema* auf Seite 56):

1. Übungen mit TT-Ball und TT-Schläger
1.1. Tippen
Durch Antippen des Balls mit dem Schläger springt dieser mehr oder weniger hoch vom Schlägerblatt. Der Ball sollte mit dem Schläger so angetippt werden, daß er fast senkrecht in die Höhe springt und beim Fallen wieder mit dem Schlägerblatt leicht getroffen werden kann (siehe Foto 8, Seite 53).

1.2. Prellen
Der Ball wird mit dem Schläger auf den Boden geprellt. Der Schlag soll so stark sein, daß der Ball wieder in Arm- und Schlägerhöhe zurückspringt und erneut geprellt werden kann (siehe Foto 9).

1.3. Rollen
Das Rollen geschieht in Sitz- oder Hockstellung auf dem Boden. Hierbei soll der Ball nicht springen, sondern nur rollen. Der auf dem Boden liegende Ball wird dabei mit dem Schläger in die gewünschte Richtung geführt (siehe Foto 10).

1.4. Schlagen
Das Schlagen ist ein Treffen des Balls mit dem Schläger. Mit einer bestimmten Geschwindigkeit trifft der Schläger als Verlängerung des Arms und der Hand auf den Ball. Dieser springt bei seitlicher Winkelstellung zur Seite, bei senkrechter Winkelstellung nach vorn und bei einer waagerechten nach oben (siehe Foto 11).

1.5. Jonglieren
Der Ball wird auf das Schlägerblatt gelegt. Dabei wird der Schläger so ruhig gehalten, daß der Ball nicht herunterrollt. Das Jonglieren läßt sich sowohl im Stehen als auch im Gehen oder Laufen üben (siehe Foto 12).

2. Übungen mit Spielen an der Wand
2.1. Der Spieler nimmt den Ball direkt aus der Luft und spielt ihn gegen die Wand (Rückhand und Vorhand) (siehe Foto 13).

2.2. Der Spieler läßt den Ball einmal aufspringen und spielt danach gegen die Wand (Rückhand und Vorhand).

2.3. Der Spieler zielt auf eine bestimmte Stelle an der Wand (wie in 2.1 und 2.2) (siehe Foto 14, Seite 54).

2.4. Der Spieler spielt nacheinander auf verschiedene Ziele an der Wand (wie in 2.1 und 2.2).

3. Übungen mit dem Partner
3.1. In Kniestellung: mit Rückhand und Vorhand dem Partner den Ball zurollen.

3.2. Aus dem Stand: mit Rückhand und Vorhand den Ball dem Partner aus der Luft zuspielen (siehe Foto 15, Seite 54).

3.3. Wie in 3.2; vor dem Schlagen den Ball aufspringen lassen und dann dem Partner zuspielen.

3.4. Aus der Bewegung: ein Spieler nimmt nach jedem Ballwechsel

8

9

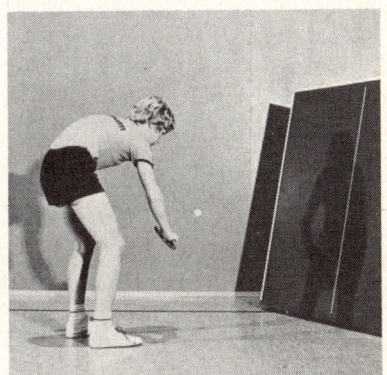

10

11

12

13

14

15

16

17

einen anderen Standort ein (dazu Übungen 3.2 und 3.3).
3.5. Mit vier Spielern Rückhand oder Vorhand über Kreuz. Dabei
spielen sich je zwei Partner die Bälle diagonal zu (dazu Übungen 3.2 und 3.3). – Es kann allerdings passieren, daß die beiden Bälle zufällig zusammenstoßen.

4. Übungen mit Partner und Netz
Als Netz wird ein 30 bis 50 cm hohes gespanntes Seil oder eine Turnhallenbank verwendet. Alle Übungen unter 3. – außer 3.1 – kommen zur Ausführung (siehe Fotos 16 und 17).
Zusätzliche Übung: Zu Beginn muß der Ball auf beiden Seiten aufspringen (wie beim Aufschlag). Bei den Ballgewöhnungsspielen wie Zurollen, Zuspielen etc. muß bei Anfängern darauf geachtet werden, daß die Bälle bereits so gespielt werden, wie es später dem Schlagablauf beim Schupfball entspricht. Das gilt besonders für die Rückhand.

5. Staffelspiele
Staffelspiele sind Spiele, in denen 20 oder mehr Gruppen gegeneinander‹kämpfen›. Jede Staffel hat gleich viele Spieler, von denen jeder eine bestimmte Strecke (ohne Hindernisse) mit denselben Übungen zu absolvieren hat. Sieger ist die Staffel, deren Teilnehmer zuerst mit den Übungen über die festgelegte Strecke fertig geworden ist.
5.1. Alle Übungen unter 1. werden in Staffelspiele eingebaut (siehe Fotos 18 und 19).

18   19

5.2. Staffelspiele wie in 5.1 mit Hindernissen
Wichtig: bei allen Gewöhnungsspielen auf die Schlägerhaltung achten und nötigenfalls sofort korrigieren!

Nach den Ballgewöhnungsspielen werden die Kinder mit dem Tisch vertraut gemacht, der je nach Größe der Kinder hoch oder niedrig eingestellt werden sollte. Ist kein verstellbarer Tisch vorhanden, dann können Turnhallenmatten oder sonstige Turnhallengeräte anstelle des Tischuntergestells verwendet werden.

	1. Std.	2. Std.	3. Std.	4. Std.	5. Std.	6. Std.	7. Std.	8. Std.
10	1.1	1.1	2.1	3.1	4.2	2.1	3.1	4.2
20	1.2	1.2	2.2	3.2	4.3	2.2	3.2	4.3
30	1.3	1.3	2.3	3.3	4.4	2.3	3.3	4.4
40	1.4	1.4	2.4	3.4	4.5	2.4	3.4	4.4
50	1.5	1.5	5.1 mit 1.3	3.5	4.5	5.2 mit 1.1	3.5	4.5
60	5.1 mit 1.1	5.2 mit 1.1	5.2 mit 1.2	5.2 mit 1.5	5.1 mit 1.3	5.2 mit 1.2	5.2 mit 1.3	5.2 mit 1.5

(Linke Achse: 60 Min.)

Acht-Stunden-Programm 〈Ballgewöhnung〉

Faustregel: die Brust des Kindes sollte circa 15 cm über die Oberkante des Tischs ragen (siehe Foto 20).
Es gibt ferner Tische, die nicht nur in der Höhe einstellbar, sondern auch in verschiedenen Ebenen zu kippen sind. Sie schaffen ideale Trainingsmöglichkeiten, vor allem für Kinder (siehe Foto 21).
Für Jugendliche und Erwachsene verkürzt man das Ballgewöhnungsprogramm auf maximal zwei Stunden. Danach wird bereits am TT-Tisch geübt.

20   21

Übungen zur Schlägerhaltung und Ausgangsstellung
(mit Schupfball)

1. Spieler, die den Aufschlag noch nicht beherrschen, nehmen den
   Ball in die linke Hand und lassen ihn auf den Tisch fallen (beim
   Rechtshänder). Nach dem Aufsprung des Balls beginnt das Spiel
   (siehe Foto 22).

2. Der Ball wird dem Gegenspieler, der ebenfalls Grundstellung
   einnimmt, mit Rückhandschupfen zugespielt und von diesem in
   derselben Weise zurückgespielt (siehe Foto 23).

2.1. Übung 2 wird, möglichst ohne Fehler, 10-, 20-, 50-, 100mal
   wiederholt.

22   23

Spieler 1

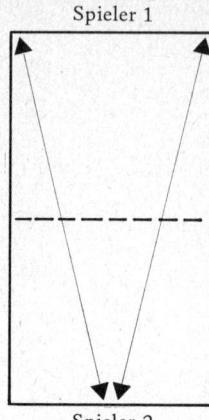

Spieler 2

2.2. Spieler 1 spielt in die Mitte des Tischs; Spieler 2 schupft einmal in das linke Feld, einmal in das rechte Feld zurück. Spieler 1 muß die Bälle erlaufen und mit Rückhand zur Mitte zurückspielen.

Wichtig: eine unkorrekte Schlägerhaltung verursacht die meisten Fehler; der Daumen darf nicht in der Mitte der Vorhandschlägerseite liegen (siehe Foto 24).

24

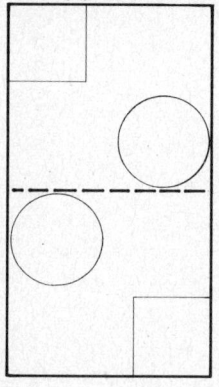

2.3. Zielschupfen auf ein eingezeichnetes Feld, einen Kreis oder Abschnitt des Tischs. Die übrige Fläche des Tischs kann mit Tüchern abgedeckt werden.

Der Ball springt auf dem abgedeckten Feld nicht auf
und kann so eindeutig als
‹Fehler› erkannt werden
(siehe Foto 25).

25

2.4. Der Reihe nach auf verschiedene eingezeichnete
Felder spielen.
2.5. Eingezeichnete Felder nu-
merieren; auf Zuruf ist dann
in das entsprechende Feld
zu spielen.

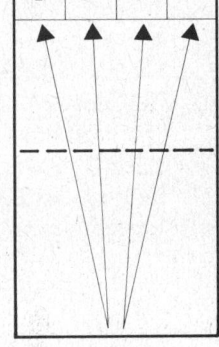

Spieler

3. Sämtliche Übungen unter (1)
und (2) jetzt mit der Vorhand
ausführen.

Methodik für Fortgeschrittene

Konterball

Im Gegensatz zum Unterschnitt- und Schupfball verläuft die Bewegung des Schlägerarms beim Konterball nicht von oben nach unten, sondern umgekehrt (siehe Bildreihen).

Der Ball wird vor oder neben dem Körper in der aufsteigenden Phase getroffen und hauptsächlich über dem Tisch gespielt. Geschlagen wird mit leicht geschlossenem Schlägerblatt, wobei der Arm – von der Tischhöhe ausgehend – nach oben und nach vorn gezogen wird. Die Beine stehen in einer leichten Grätschstellung (siehe Grundstellung beim Schupfen); die Belastung liegt bei Rückhand auf dem rechten, bei Vorhand auf dem linken Fuß (siehe Foto 1).

Wichtig: Zu Beginn des Konterballs muß der Schläger in oder etwas unterhalb der Tischhöhe sein. Als Hilfsmittel dienen Bleimanschetten oder Metallschläger; durch deren Gewicht geht der Arm nach dem Schlag schneller in die Ausgangsphase zurück.

Die Grätschstellung geht in eine Schrittstellung über, wenn von der Rückhandseite des Tischs aus (beim Rechtshänder: die linke Tischhälfte) mit Vorhand gespielt wird. Gleichzeitig ändert sich die frontale Stellung des Körpers zum Tisch in eine seitliche; entsprechend zeigt die linke Schulter des Rechtshänders zum Tisch (siehe Foto 2).

1

2

Fehler

- Der Ball geht ins Netz – Neigung des Schlägerblatts zu stark nach vorn, oder die Schlagführung geschieht extrem zur Seite, anstatt nach oben und vorn; der Bewegungsablauf des Schlagarms ist zu gering.
- Der Ball geht hinter die Grundlinie ins Aus – das Schlägerblatt ist zu stark nach hinten geneigt.
- Der Ball geht seitlich ins Aus – Grundstellung nicht richtig, das Schlägerblatt steht zu seitlich.

Peter Stellwag (Deutscher Meister 1977) beim Ranglistenturnier in Hamburg 1977

Unterschnittball

Eine Weiterentwicklung des Schupfballs ist der Unterschnittball (auch Verteidigungsball genannt).
Der Ball wird neben dem Körper getroffen. Die Ausholphase bei Vorhand verläuft von der rechten Schulter zum linken Knie. Der Schläger ist leicht nach hinten geneigt.
Gegen *Topspinbälle* wird der Schläger senkrecht geführt; außerdem wird der Ball wesentlich tiefer genommen. Vor dem Schlag geht der Spieler fast in die Kniebeuge. Die Beinstellung ist wie bei der Vorhand: linkes Bein vorn, rechtes Bein hinten (gespreizte Schrittstellung). Der rechte Fuß steht fast parallel zur Grundlinie.
Das Körpergewicht liegt bei Annahme des Balls mit Vorhand auf dem rechten hinteren Fuß, verlagert sich dann aber bei der Schwungphase nach vorn auf den linken Fuß (Rückhandausführung umgekehrt).

Fehler
- Der Ball landet im Netz – der Schläger ist nicht geöffnet, oder die Geschwindigkeit der Schlagausführung ist zu gering.
- Der Ball geht über den Tisch ins Aus – zu frühes Annehmen des Balls, oder die Geschwindigkeit der Ausführung des Balls ist zu schnell.
- Der Ball geht über die Seitenlinie ins Aus – falsche Grundstellung: Der Schläger wird zu stark seitlich, nicht aber nach vorn geführt, das heißt, der Schlag verläuft nicht in Richtung Netz.

Bildreihe 1: Unterschnittball Rückhand
Bildreihe 2: Unterschnittball Vorhand
Bildreihe 3: Unterschnittball Rückhand gegen Topspin
Bildreihe 4: Unterschnittball Vorhand gegen Topspin

Treibball

Gegenüber dem Konterball verändert sich beim Treibball die Grundstellung insofern, als der Spieler leichte *Schrittstellung* einnimmt. Bei Vorhand steht der linke Fuß vorn und wird belastet; der rechte Fuß steht etwas zurück in fast paralleler Position zur Grundlinie. Die linke Schulter weist in Richtung Tisch, der Körper steht etwas seitlich zum Tisch. Beim Rückhandtreibball ist die Grundstellung umgekehrt.

Die Schlagführung ist nahezu doppelt so lang wie die der Konterbewegung. Sie beginnt von hinten–unten und endet vorn–oben (Länge circa 0,70 bis 1 m). Das Schlägerblatt steht senkrecht oder ist minimal geschlossen. Der Ball wird seitlich vor oder neben dem Körper in der fallenden Phase getroffen.

Wichtig: Beim Treibball nahe am Tisch spielen. Als Hilfsmittel verwendet man für die Spieler, die sich zu weit von der Grundlinie des Tischs entfernen, eine Turnhallenbank oder einen Kasten, welche als Begrenzung dienen. Die Entfernung von Tisch zu Bank beträgt circa 1 m.

Fehler
- Der Ball geht ins Netz – Schläger zu stark geschlossen; Armbewegung zu kurz; Zugbewegung zu langsam oder seitlich waagerecht (siehe Foto 1).

1

Die Zugbewegung läßt sich unter Zuhilfenahme des anderen Arms korrigieren, indem beide Arme von unten–hinten nach oben–vorn hochgezogen werden (siehe Foto 2). Dabei sollen bei richtiger Ausführung des Vorhand-Treibballs die Hände in Kopfhöhe – Entfernung vom Kopf circa 0,40 bis 0,60 m – zusammenkommen.

2

- Der Schläger wird extrem nach hinten gezogen (siehe Foto 3).

3

- Der Ball geht über den Tisch – das Schlägerblatt ist zu weit geöffnet.
- Der Ball geht seitlich ins Aus – falsche Grundstellung; Schlagarm schwingt zur Seite und nicht nach vorn.

Kernball

Der Kernball, auch Schmetterball genannt, kann in verschiedenen Phasen getroffen werden. Springt der Ball zwischen 0,50 und 1 m hoch, schlägt man ihn im höchsten Punkt. Springt der Ball höher als 1 m, dann wird er in der günstigsten Position entweder in der steigenden Phase direkt über dem Tisch oder in der fallenden Phase hinter der Grundlinie des Tischs geschlagen (siehe *Abbildung*).

Bei der fallenden Phase ist zu beachten, daß nicht direkt am Tisch geschlagen wird, sondern je nach Flugkurve des Balls hinter dem Tisch. Hart geschlagene Schmetterbälle, die eine Geschwindigkeit von 45 m/Sek. erreichen, haben die größte Wirkung, wenn sie über dem Tisch geschlagen werden.
Die Schlagführung verläuft von hinten nach vorn in waagerechter oder leicht senkrechter Neigung von hinten–oben dem Netz zu. Das Schlägerblatt ist je nach Höhe des Balls mehr oder weniger geschlossen.

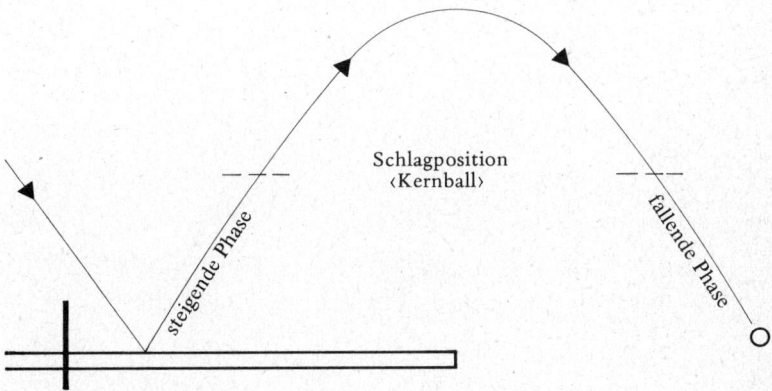

Schlagposition
‹Kernball›

steigende Phase

fallende Phase

Flugkurve ‹Ballonball›

Der Schmetterball wird hauptsächlich mit der Vorhand und seitlich vom Körper ausgeführt. Mit Rückhand ist er ebenfalls möglich; die Schlagführung ist jedoch wesentlich schwieriger. Die Härte des Schmetterballs hängt von der Geschwindigkeit der Schlagbewegung ab.

Wichtig: Ein kräftig ausgeführter Schmetterball kann so viel Schwung erzeugen, daß der Spieler in der Endphase des Schlags in eine ungünstige Position für eventuell folgende Bälle kommt.

Fehler
- Der Ball geht ins Netz – Schlägerblatt zu stark geschlossen.
- Der Ball geht hinter den Tisch – Schlaggeschwindigkeit zu gering; Schlägerblatt zu stark geöffnet; Schlagführung von unten nach oben statt von oben nach unten in Richtung Netz (nach vorn).
- Der Ball geht seitlich ins Aus – falsche Grundstellung; Schlagführung zur Seite.

Stoppball

Der Stoppball wird hauptsächlich gegen Verteidigungsspieler eingesetzt und bietet sich besonders bei Unterschnittbällen an. Die Grundstellung ist wie beim Schupfball: Das Schlägerblatt ist weit geöffnet, die Schlagführung verläuft fast waagerecht von hinten nach vorn. Ein gelungener Stoppball verlangt vom Spieler viel Gefühl.

Geschlagen wird der Ball seitlich und vor dem Körper. Der Bewegungsansatz sollte dem eines Schmetter- oder Treibballs ähneln, um den Gegner zusätzlich zu täuschen.

Nur Stoppbälle, die auf des Gegners Tischhälfte zwei oder mehrere Male aufspringen, haben einen spielerischen Wert. Ein gut gespielter Stoppball springt also beim erstenmal so kurz hinter dem Netz auf, daß er bestenfalls vor, nicht aber noch hinter der Grundlinie des Gegners retourniert werden kann.

Fehler

- Der Ball geht ins Netz – der Schläger ist zu wenig geöffnet; die Schlagbewegung ist zu kurz.
- Der Ball geht hinter die Grundlinie – die Schubbewegung des Schlagarms ist zu stark.
- Der Ball geht seitlich ins Aus – die Grundstellung ist falsch; das Schlägerblatt ist extrem auf die Seitenlinie gerichtet.

Ballonverteidigungsball

Der Ballonverteidigungsball ist ein Schlag, der meistens in Notsituationen ausgeführt wird. Die Grundstellung ist ähnlich der des Unterschnittballs: Der Ball wird von hinten–unten (Kniehöhe) nach oben–vorn mit weit geöffnetem Schlägerblatt vom tiefsten Punkt aus gespielt. Der Körper streckt sich von einer leichten Hockstellung ausgehend. Je nach Entfernung vom Tisch muß die Geschwindigkeit des Schlags dosiert werden (siehe Bildreihen, Seite 74).

Wichtig: Der Schläger ist ziemlich weit geöffnet.

Fehler

- Der Ball geht ins Netz – der Schläger ist zu wenig geöffnet – die Geschwindigkeit der Schlagausführung ist zu gering.
- Der Ball geht über die Grundlinie – der Schläger ist zu weit geöffnet; die Geschwindigkeit des Schlags ist zu stark; die Entfernung vom Tisch ist zu gering.
- Der Ball geht seitlich ins Aus – die Grundstellung ist falsch, die Schlagausführung ist zu stark nach der Seitenlinie hin ausgerichtet.

Blockball

Der Blockball (Half-Volley-Ball) wird nach dem Aufsprung seitlich oder vor dem Körper über dem Tisch gespielt. Bei der Rückhand stehen die Füße in leichter Grätschstellung; bei der Vorhand kann der linke Fuß etwas vorn stehen. Die Belastung verteilt sich auf beide Füße.

Eine Schlagarmbewegung findet nicht oder nur minimal statt. Deshalb kann der Blockball nur gegen Angriffsbälle, die vorwärts rotieren, eingesetzt werden. Das Schlägerblatt ist dabei senkrecht oder leicht dem Netz zugeneigt (siehe Bildreihe 1). – Bei Topspinbällen wird der Schläger je nach Spin geschlossen. Je nach der Position des Spielers wird der Schläger senkrecht vor dem Körper hochgestellt oder waagerecht seitlich vom Körper gehalten (s. Bildreihe 2 und 3, Seite 76)

Fehler

- Der Ball geht ins Netz – das Schlägerblatt ist zu stark geschlossen.
- Der Ball geht hinter die Grundlinie – das Schlägerblatt ist zu stark geöffnet; die Schubbewegung in der Schlagausführung ist zu stark.
- Der Ball geht seitlich ins Aus – falsche Grundstellung; das Schlägerblatt ist seitlich abgewinkelt.

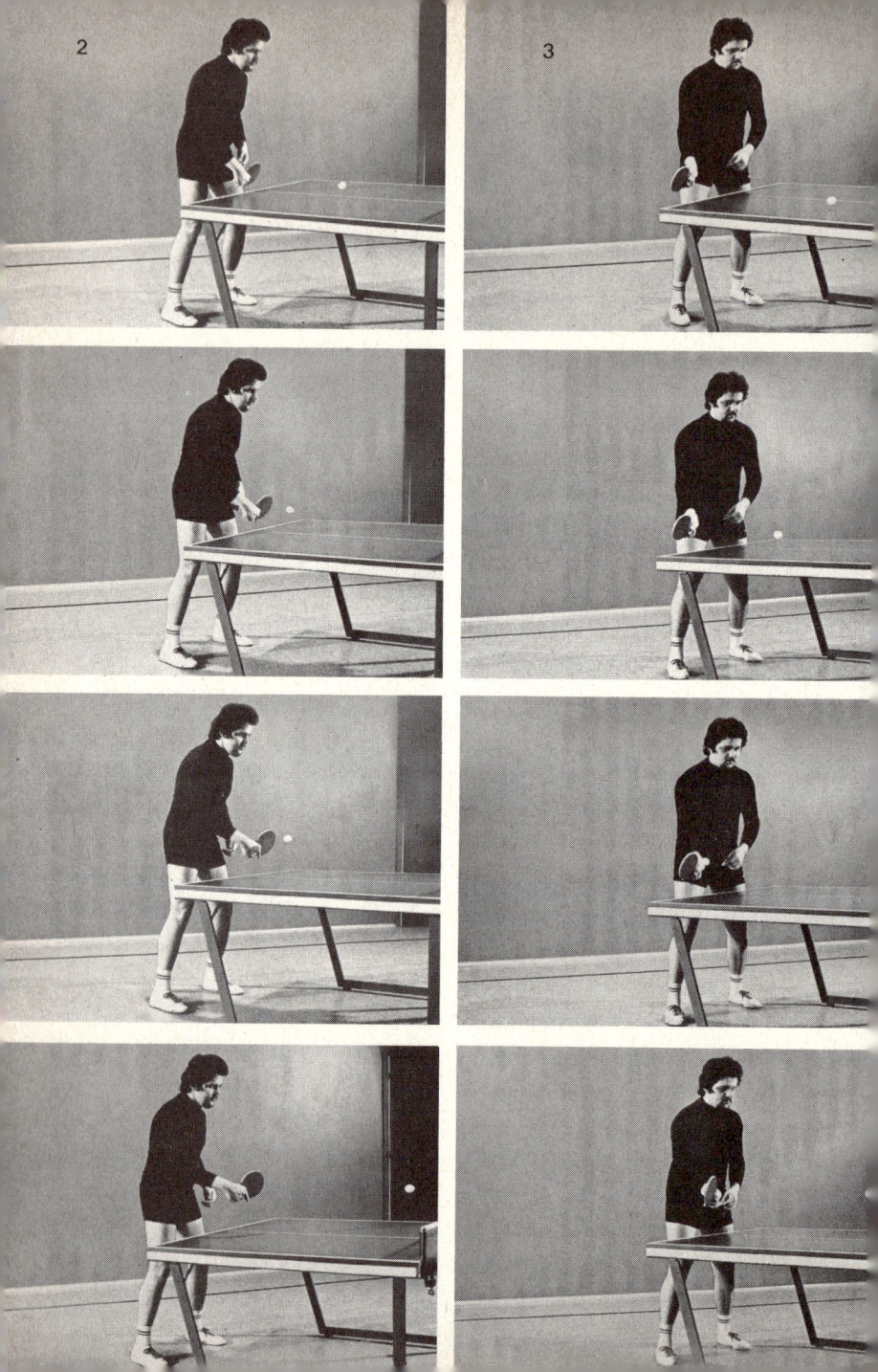

Topspin

Der Topspinschlag gehört mit einem Bewegungsablauf von 0,80 bis 1,20 m zu den längsten und schwierigsten Schlagausführungen im Tischtennis. Er wird seitlich vor oder neben dem Körper hauptsächlich mit der Vorhand gespielt. Mit dem Topspin ist es möglich, auf alle Schlagarten zu retournieren.

Der Topspin wird von unten–hinten nach vorn–oben mit minimal geöffnetem bis senkrecht stehendem Schlägerblatt geschlagen. Die Fußstellung ist wie beim Treibball. Das Körpergewicht belastet anfangs das rechte hintere Bein und verlagert sich in der Endphase des Schlags auf das linke vordere Bein (Vorhand-Top).

Der Topspin kann auch über dem Tisch unter Zuhilfenahme des Handgelenks gespielt werden; der Bewegungsablauf ist dann kürzer, aber auch schwieriger. Ebenso läßt sich der Ball in der aufsteigenden Phase schlagen.

Mit der Rückhand über dem Tisch ist der Topspin leichter auszuführen. Allerdings ist er über Schulterhöhe nicht mehr zu verwirklichen.

Zu beachten ist die Entfernung von der Grundlinie. Auf Unterschnitt kann der Topspin unmittelbar hinter der Grundlinie (siehe Bildreihe Seite 78), je nach Flugkurve sogar über dem Tisch eingesetzt werden. Bei Überschnitt wird er je nach Flugkurve des Balls mehr oder weniger weit von der Grundlinie des Tischs entfernt geschlagen (siehe Bildreihe Seite 79). Je weniger Überschnitt der Ball enthält, desto mehr Spin kann dem Ball gegeben werden (siehe *Abbildung*).

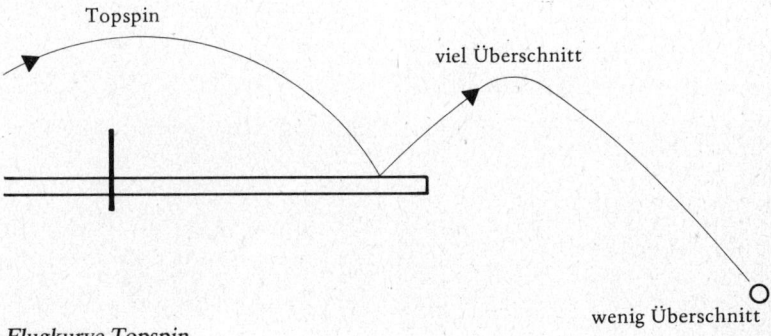

Topspin

viel Überschnitt

wenig Überschnitt

Flugkurve Topspin

Auf starken Unterschnitt kann Topspin mit sehr viel Effet gespielt werden; wir haben es dann mit einer *Schnittumkehrung* zu tun.

- Bei Unterschnitt verläuft die Rotation des Balls in Richtung Spieler, also zur Grundlinie zurück.
- Bei Überschnitt entfernt sich der Ball durch die Rotation in Richtung Gegner weiter von der Grundlinie.

Von Bedeutung ist ferner, daß der Unterschnittball langsamer beim Spieler ankommt als der Überschnittball. Aus diesen Gründen gelingt der Topspin am leichtesten auf Bälle mit geringem Überschnitt oder Unterschnitt.

Grundsätzlich kann gesagt werden, daß gleichartige Bälle mit starkem Unterschnitt oder Überschnitt, zum Beispiel Topspin auf Topspin nacheinander, am schwierigsten zu spielen sind.

Wesentlich einfacher zu beherrschen sind Schnittumkehrungen, das heißt, es wird auf Unterschnittbälle mit Überschnitt gespielt und umgekehrt.

Fehler

- Der Ball geht ins Netz – der Schlag ist zu langsam oder zu kurz ausgeführt; das Schlägerblatt ist geschlossen; der Ball wird zu weit unten geschlagen.
- Der Ball geht hinter die Grundlinie – zu hoher Schlagansatz; das Schlägerblatt ist zu weit geöffnet.
- Der Ball geht seitlich ins Aus – falsche Grundstellung; das Schlägerblatt ist zu seitlich gerichtet; die Schlagausführung ist nicht nach oben–vorn, sondern zur Seite.

Bildreihe 1: Rückhand-Topspin auf Unterschnitt
Bildreihe 2: Rückhand-Topspin auf Überschnitt

Übung zum Erlernen des Topspin:
Den Ball 2 bis 3 m hinter dem Tisch auf den Boden fallen lassen
und diesen dann stehend oder kniend über das Netz ‹ziehen› (schlagen) (siehe Fotos 1 bis 4).

Sidespin

Der Sidespin ähnelt dem Topspin. Die Grundstellung ist dieselbe; nur wird der Schlag seitlich von unten vor oder neben dem Körper nach vorn–oben ausgeführt. Die Flugkurve verläuft, wie der Name sagt, in seitlicher Richtung vom Ausgangspunkt aus.

Das Schlägerblatt steht senkrecht; der Schläger selbst kann durch das Handgelenk in die entsprechende Richtung bei der Schlagausführung gebracht werden.

Fehler

- Der Ball geht ins Netz – das Schlägerblatt ist geschlossen; die Geschwindigkeit des Armzugs ist zu gering; die Schlagausführung verläuft nicht nach oben–vorn, sondern zu stark seitlich.
- Der Ball geht ins Aus hinter die Grundlinie – das Schlägerblatt ist zu weit geöffnet.
- Der Ball geht seitlich ins Aus – falsche Grundstellung; das Schlägerblatt ist zu seitlich ausgerichtet.

Flippball
Der Flippball ist ein Angriffsschlag, der bei kurzen Aufschlägen als
Return zur Eröffnung des Angriffsspiels eingesetzt wird. Von Verteidigungsspielern wird der Flippball oft auf gegnerische Stops angewendet.
Grundsätzlich wird dieser Schlag über dem Tisch gespielt. Die Fußstellung ist wie beim Treibball. Der Schläger ist leicht nach hinten
geneigt. Während des Schlags geht die geöffnete Schlägerhaltung in
eine verdeckte Schlägerhaltung über, wobei der Schläger nach oben
und nach vorn geführt wird.

Fehler
● Der Ball geht ins Netz – der Schläger ist nicht geöffnet; die
   Geschwindigkeit der Schlagausführung ist zu gering.
● Der Ball geht über den Tisch – der Schläger ist zu weit sowie zu
   lange geöffnet und wird zu stark nach oben geführt.
● Der Ball geht seitlich ins Aus – falsche Grundstellung; die Schlä-
   gerführung geschieht zu stark seitlich.

Übungsprogramme

Vorhand- und Rückhandkontern
Die folgenden Beispiele lassen sich beliebig variieren.

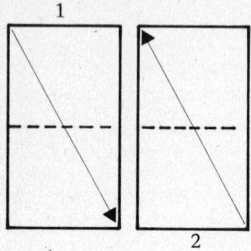

1. Vorhand/Vorhand diagonal
1.1. 10, 20, 50, 100× ohne Fehler; den Ball so flach wie möglich über das Netz schlagen.

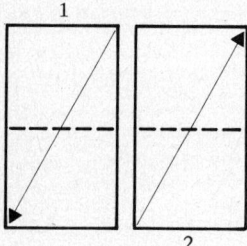

1.2. Rückhand/Rückhand diagonal
1.3. Rückhand/Rückhand wie 1.1.

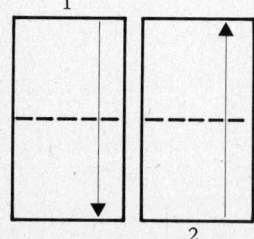

1.4. Rückhand/Vorhand parallel Vorhand/Rückhand parallel

1.5. Spieler 1: 1 × Rückhand diagonal
     1 × Rückhand parallel
   Spieler 2: 1 × Rückhand diagonal
     1 × Vorhand parallel

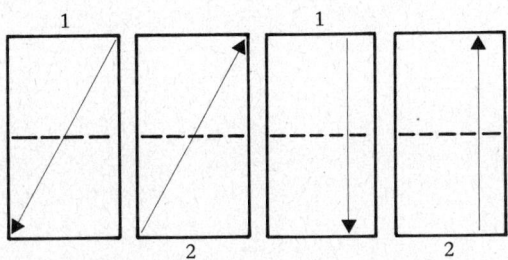

1.6. Spieler 1: 1 × Rückhand diagonal
     1 × Vorhand diagonal im Wechsel
   Spieler 2: Rückhand diagonal

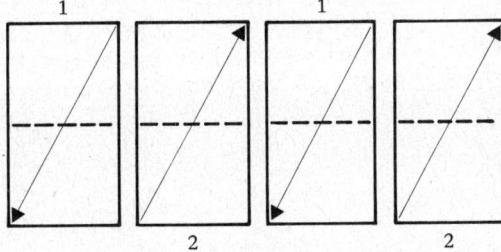

1.7. Spieler 1: Rückhand von Tischmitte – 1 × in die Rückhand-
     Ecke, 1 × in die Vorhand-Ecke des Partners spielen.
   Spieler 2: 1 × Rückhand, 1 × Vorhand in die Tischmitte des
     Partners spielen.

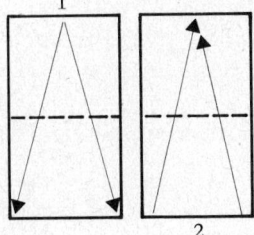

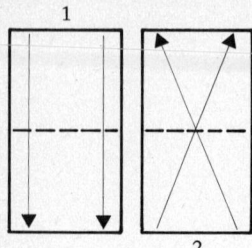

1.8. Spieler 1: 1 × Rückhand,
     1 × Vorhand parallel
     Spieler 2: 1 × Rückhand,
     1 × Vorhand diagonal

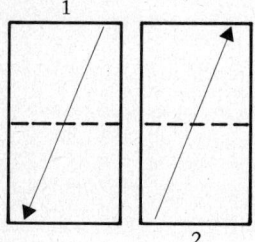

1.9. Spieler 1: 1 × Rückhand,
     dann 2, 3, 4 × Vorhand
     oder umgekehrt
     Spieler 2: Rückhand
     diagonal

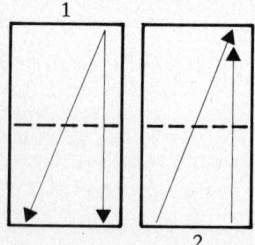

1.10. Spieler 1: 1 × Rückhand
      diagonal, 1 × Rückhand
      parallel
      Spieler 2 bewegt sich und
      spielt nur mit der Vorhand
      in die Rückhandseite des
      Partners.

Sämtliche Konterübungen sind zu forcieren, indem jeder Partner 3
bis 4 zusätzliche Bälle bereithält, mit denen nach Fehlern sofort
weitergespielt werden kann.
Das Training läßt sich durch Einwerfen von Bällen mit Hilfe einer
dritten Person oder eines Roboters steigern.

Topspin und Blockball

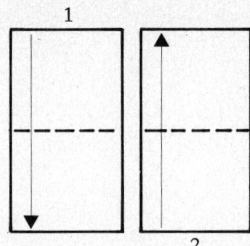

1. Spieler 1: Vorhand-Topspin
   parallel
   Spieler 2: Rückhand-Blockball parallel

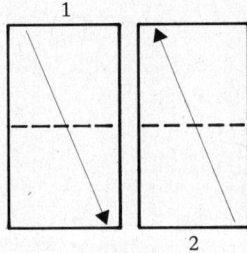

2. Spieler 1: Vorhand-Topspin
   diagonal
   Spieler 2: Vorhand-Blockball diagonal

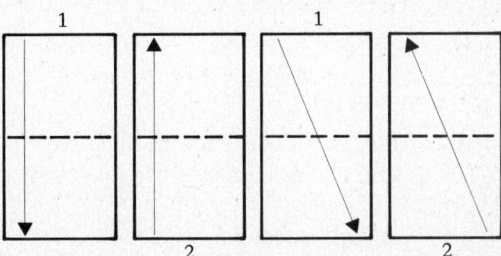

3. Spieler 1: 1 × Vorhand-Topspin parallel
   1 × Vorhand-Topspin diagonal
   Spieler 2: 1 × Rückhand-Blockball parallel
   1 × Vorhand-Blockball diagonal

4. Spieler 1: 1 × Vorhand-Topspin parallel von der Vorhandseite
   Spieler 1: 1 × Vorhand-Topspin diagonal von der Rückhand-
                   seite
   Spieler 2: 1 × Rückhand-Blockball diagonal
              1 × Rückhand-Blockball parallel

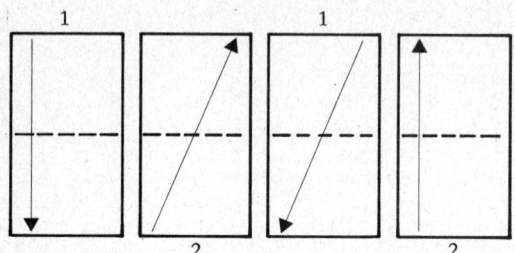

5. Spieler 1: 1 × Vorhand-Topspin parallel von der Rückhandseite
   Spieler 2: 1 × Vorhand-Blockball parallel
              1 × Vorhand-Blockball diagonal

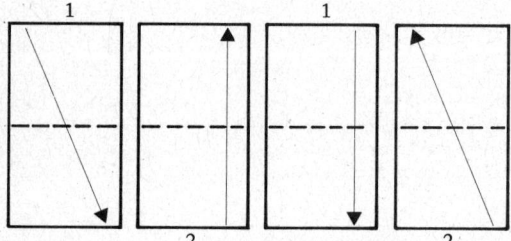

6. Spieler 1: 1 × Vorhand-Topspin von Vorhandseite diagonal
              1 × Vorhand-Topspin von Rückhandseite diagonal
   Spieler 2: 1 × Vorhand-Blockball parallel
              1 × Rückhand-Blockball parallel

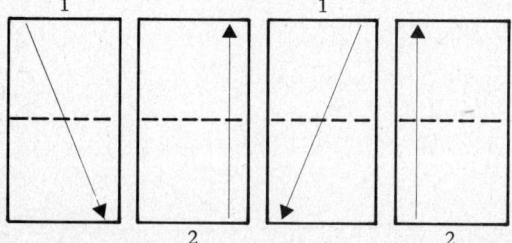

7–12: Übungen 1 bis 6 mit Rückhand-Topspin wiederholen

13. Spieler 1: 1 × Vorhand-Topspin von der Rückhandseite
            1 × Rückhand Topspin diagonal
    Spieler 2: Rückhand-Blockball diagonal

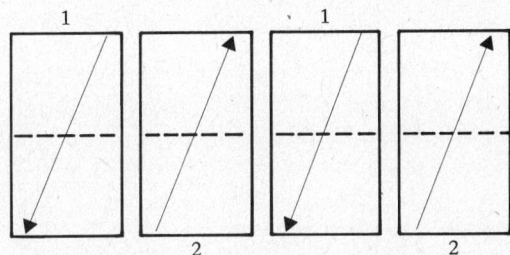

14. Spieler 1: 1 × Vorhand-Topspin diagonal
            1 × Rückhand-Topspin diagonal
    Spieler 2: 1 × Vorhand-Blockball parallel
            1 × Rückhand-Blockball parallel

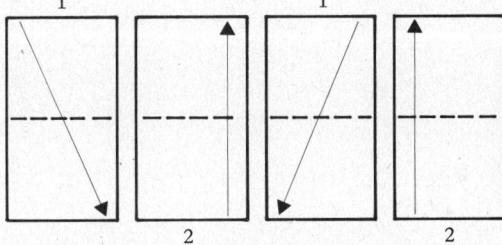

15. Spieler 1: 1 × Vorhand-Topspin parallel
            1 × Rückhand-Topspin parallel
    Spieler 2: 1 × Rückhand-Blockball diagonal
            1 × Vorhand-Blockball diagonal

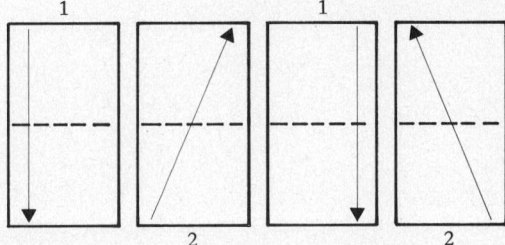

Treibball und Unterschnittball
Hierzu werden alle 15 Übungen zum «Topspin und Blockball»
(siehe Seite 89f) durchgeführt. Jedoch wird
- anstelle des «Topspins» der Treibball,
- anstelle des «Blockballs» der Unterschnittball (auch Verteidigungsball genannt)
gespielt.
Eine weitere Übung ist: Verteidigen mit Rückhand oder Vorhand
auf einen Punkt in der gegnerischen Hälfte des Tischs; rings um
diese Spielzone wird die übrige Tischhälfte abgedeckt.

Kernball
Kern- oder Schmetterbälle werden geübt gegen
1. Ballonverteidigung
2. Konterbälle
3. Topspinbälle
4. Unterschnittbälle (Verteidigungsbälle)
5. eingeworfene Bälle (per Hand oder Roboter)

Schußprogramm Kernball
Spieler 1: Vorhandaufschlag–Vorhandschuß–Vorhandschuß
Spieler 2: Vorhandschuß–Vorhandschuß–Vorhandschuß etc.

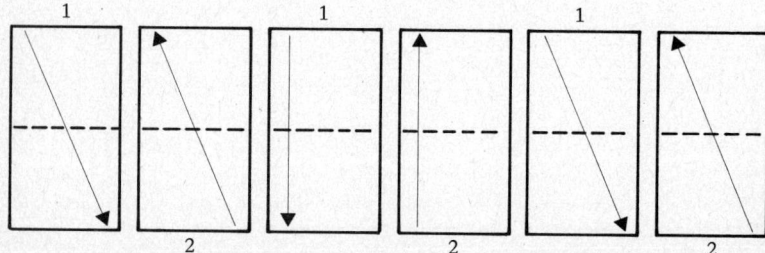

Spieler 1: Rückhandaufschlag–Rückhandschuß–Rückhandschuß
Spieler 2: Rückhandschuß–Rückhandschuß–Rückhandschuß etc.

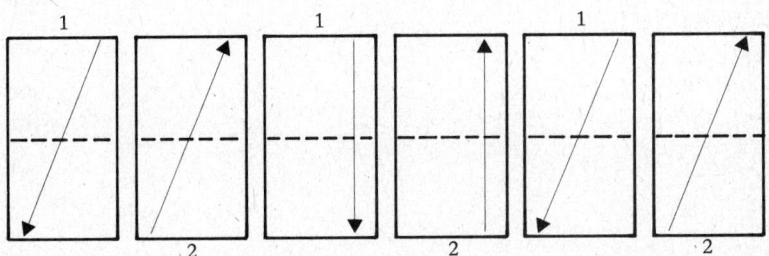

Spieler 1: Vorhandaufschlag–Vorhandschuß–Vorhandschuß
Spieler 2: Vorhandschuß–Rückhandschuß–Vorhandschuß etc.

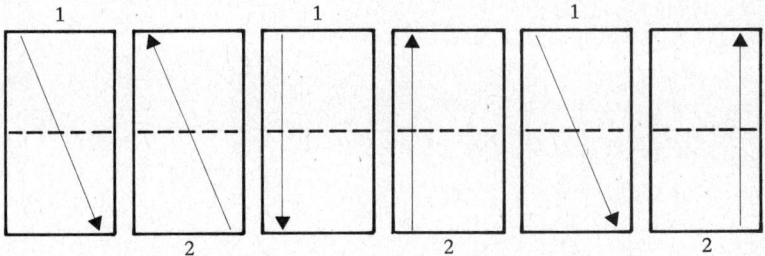

Spieler 1: Rückhandaufschlag–Vorhandschuß–Rückhandschuß
Spieler 2: Rückhandschuß–Rückhandschuß–Rückhandschuß etc.

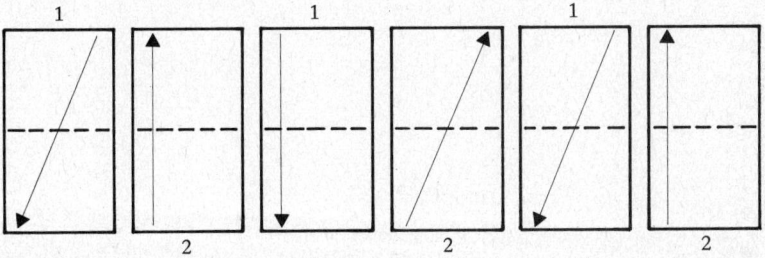

Spieler 1: Vorhandaufschlag–Vorhandschuß–Vorhandschuß
Spieler 2: Rückhandschuß–Rückhandschuß–Vorhandschuß

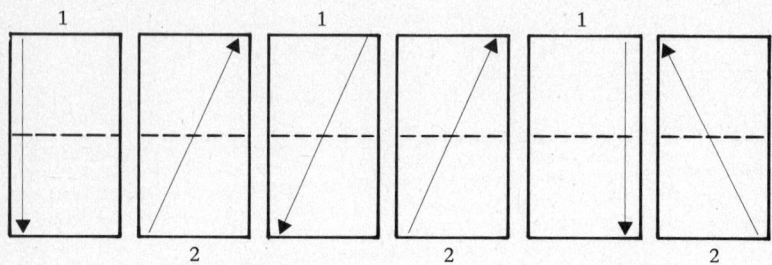

Spieler 1: Rückhandaufschlag–Vorhandschuß–Rückhandschuß
Spieler 2: Vorhandschuß–Vorhandschuß–Vorhandschuß

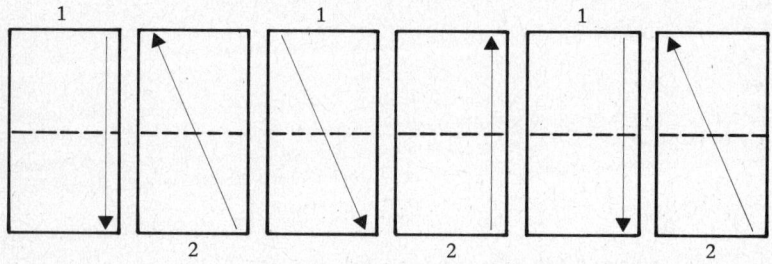

Spieler 1: Rückhandaufschlag–Vorhand-Topspin
Spieler 2: Rückhand-Schupfen–Vorhandschuß

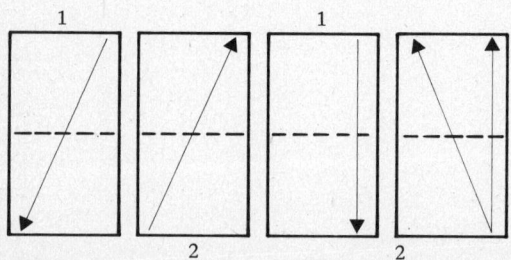

Spieler 1: Rückhandaufschlag–Vorhand-Topspin–Rückhand-
         oder Vorhandschuß
Spieler 2: Rückhand-Schupfen–Rückhand- oder Vorhand-Block-
         ball

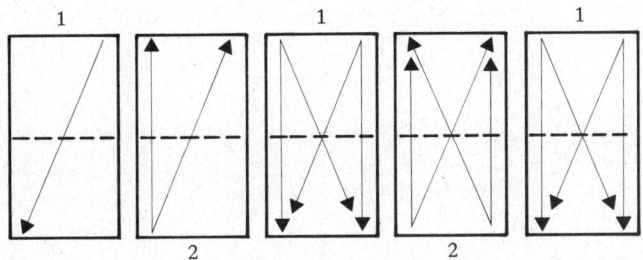

Bei den ersten sechs Übungen ist die Wahrscheinlichkeit gering,
diese komplett auszuführen, da bei exakter Spielweise bereits früher
der Punkt erreicht ist.
Außer Rückhandaufschlag können alle anderen Schläge von Spieler
1 und 2 variiert werden.

Aufschlag
Beim Aufschlag kommt es vor allem darauf an, den richtigen Nei-
gungswinkel zum Tisch zu finden. Dabei gilt stets:
● Einfallwinkel gleich Ausfallwinkel.
Alle Varianten werden geübt: lange Aufschläge – kurze Aufschläge
– Unterschnitt- und Überschnittaufschläge – gedrehte Aufschläge –
Aufschläge auf einen bestimmten Punkt. Jede Variante wird 50- bis
60mal wiederholt.
Der Aufschlag muß so flach wie möglich über das Netz gespielt
werden. Von allen Varianten sind nur die Aufschläge von spieleri-
scher Bedeutung, die kurz hinter dem Netz oder fast auf der Grundlinie aufspringen. Denn Aufschläge, die in der Mitte des Tischs
landen, sind am einfachsten zu retournieren.

Schlagkombinationen
Das folgende Programm enthält Übungen für Schlagkombinationen, die in jedem Tischtennisspiel vorkommen.

1. Spieler 1: Aufschlag–Vorhand-Topspin–Vorhand-Kernball
   Spieler 2: Schupfball–Blockball
   Variante: zuerst in eine bestimmte Seite der gegnerischen Hälfte
   spielen; danach werden die Schlagarten variiert und unregelmä-
   ßig angewendet.

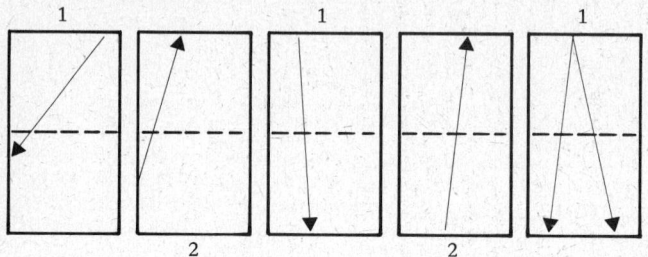

2. Spieler 1: Aufschlag–Rückhand-Kontern–Vorhand-Kernball
   Spieler 2: Rückhand-Kontern–Ballonverteidigungsball

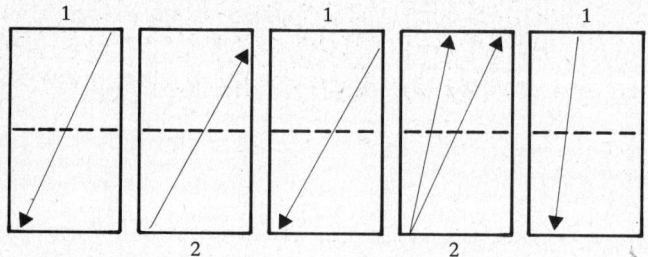

3. Spieler 1: Aufschlag–Vorhand-Treibball–Stoppball
   Spieler 2: Verteidigung–Verteidigung–Schupfball oder
   Kernball

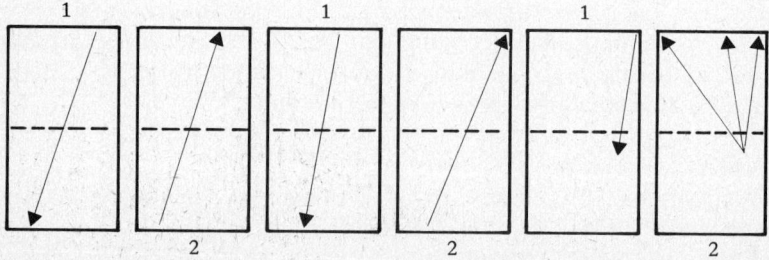

4. Spieler 1: Aufschlag–kurzer Schupfball–Flippball
   Spieler 2: kurzer Schupfball–kurzer Schupfball–Konterball

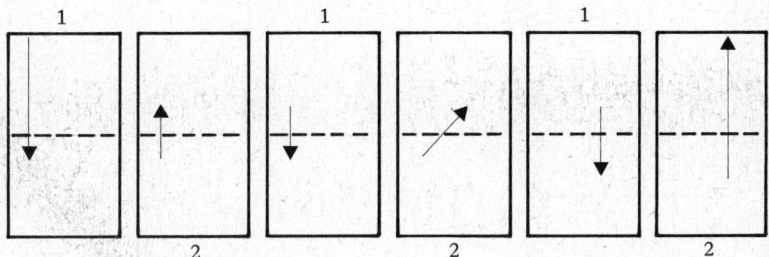

5. Spieler 1: Aufschlag–Vorhand-Topspin–Vorhand-Topspin
   Spieler 2: Flippball–Vorhand-Topspin

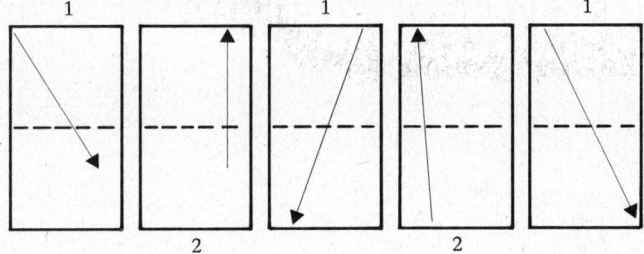

6. Spieler 1: Aufschlag–Vorhand-Topspin–Vorhand-Topspin
   Spieler 2: Verteidigungs-Blockball–Verteidigung

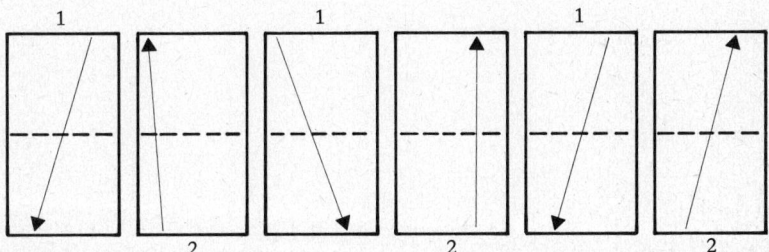

7. Spieler 1: Aufschlag–Vorhand-Topspin–Vorhand-Sidespin
   Spieler 2: Rückhand-Flippball–Vorhand-Sidespin–Vorhand-
              Sidespin

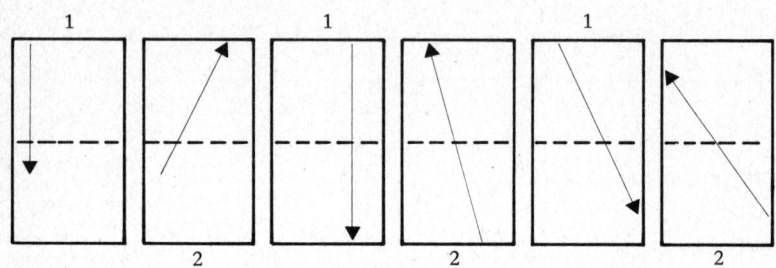

8. Spieler 1: Aufschlag–Schupfball–Vorhand-Topspin
   Spieler 2: Schupfball–Schupfball–Verteidigung

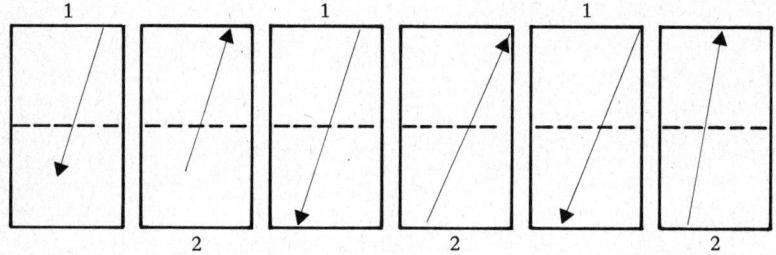

9. Spieler 1: Aufschlag–Vorhand-Kontern–Vorhand-Topspin
   Spieler 2: Vorhand-Kontern–Vorhand-Kontern–Vorhand-
              Blockball

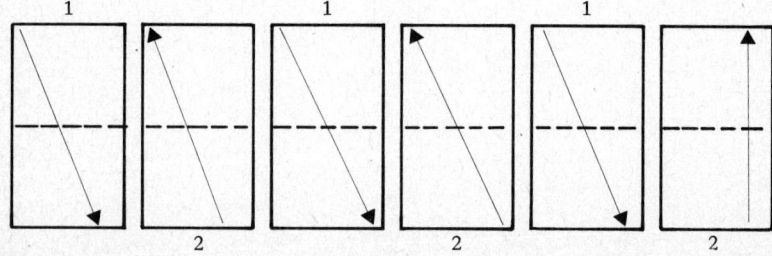

10. Spieler 1: Rückhand-Aufschlag–Vorhand-Kontern–Rück-
      hand-Kontern–Vorhand-Topspin
    Spieler 2: Rückhand-Flippball–Rückhand-Kontern–Rück-
      hand-Kontern–Rückhand-Blockball

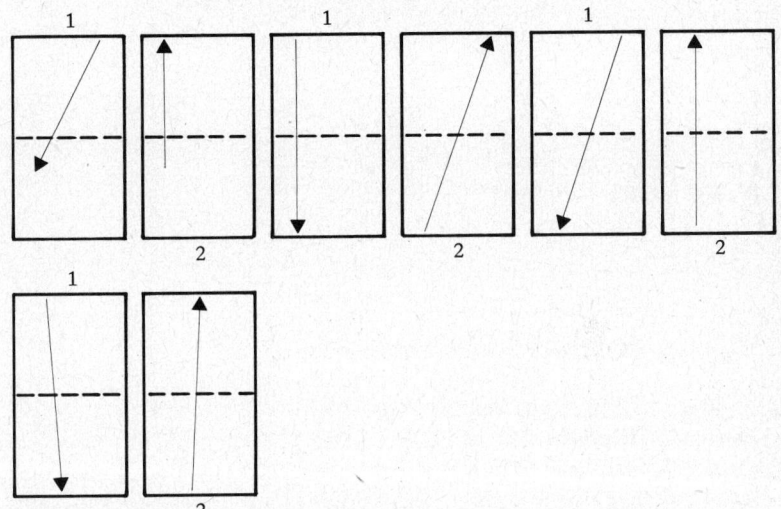

Taktik

Allgemeine taktische Hinweise

Unter *Taktik* versteht man im Sport die meist vorher festgelegte Spiel- oder Kampfweise, mit der ein Sportler oder eine Mannschaft in einen Wettkampf gehen. Tischtennisspieler werden sich vor und im Wettkampf mit folgenden Situationen und Gegebenheiten auseinandersetzen:

1. Gegner
2. Spielverhältnisse
3. Zuschauer
4. Schiedsrichter
5. Fahrt
6. Ernährung

Zu 1: Gegner
Wenn irgend möglich, sollte man den Gegner vor dem Spiel studieren. Besonders achten sollte man dabei auf folgende Punkte:
● Links- oder Rechtshänder?
Die überwiegende Mehrheit der Tischtennisspieler sind Rechtshänder, die individuell unterschiedlich das Angriffs- oder Verteidigungsspiel suchen. Linkshänder bevorzugen erfahrungsgemäß das Angriffsspiel, weil sie stets versuchen, ihre Vorhand einzusetzen, die gewöhnlich stärker ist als die Rückhand. Insofern können sie leicht dem Gegner ihr Spiel aufdrängen. In der Ausgangsposition

stehen sie meist auf der Rückhandseite (vom Gegner her gesehen) oder auf Höhe der Tischmitte; deshalb sollten sie hier nicht zu oft angespielt werden.

Schwierigkeiten haben Linkshänder häufig in der weiten Vorhandseite sowohl beim eigenen Angriff als auch bei Abwehrreturns aus dieser Zone.

● Angriffs-, Verteidigungs- oder Halbdistanzspieler?

Taktische Hinweise finden sich unter den entsprechenden Abschnitten auf Seite 107–109.

● Mit welchem Belag spielt der Gegner?

Vor dem Spiel sollte man sich den Schläger des Gegners genau anschauen; denn der Belag ist von entscheidender Bedeutung.

Spielt der Gegner mit *Noppengummibelag,* so muß man als Angreifer stets darauf gefaßt sein, daß der Überschnittball dieses Spielers nur durch eine lange Konterbewegung – möglichst nicht direkt am Tisch, sondern aus der Halbdistanz – retourniert werden kann. Bei normaler Konterbewegung am Tisch geht der Ball meistens ins Netz; denn Angriffsbälle, die mit Noppengummi geschlagen werden, haben weniger Vorwärtsrotation und Überschnitt als Konterbälle, die etwa mit Backsidebelag geschlagen werden (vergleiche Flugkurve 3 gegenüber Flugkurve 1 auf *Abbildung 1*).

Solche Angriffsbälle bereiten unerfahrenen Spielern oft erhebliche Schwierigkeiten.

Wird mit einem *Softschläger* angegriffen, so liegt dessen Wirkung zwischen dem Backside- und Noppengummibelag. Die Flugkurve des Balls ist beim Soft- und Noppengummischläger kürzer als beim Backsidebelag (siehe Flugkurve 2 gegenüber Flugkurve 1 und 3 in *Abbildung 1*).

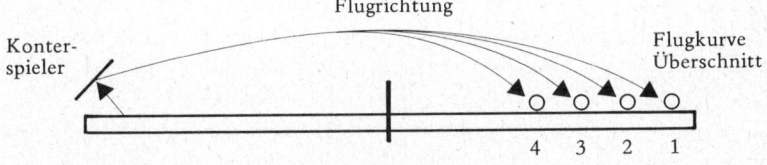

Abb. 1: Kontern bei gleicher Schlagausführung mit unterschiedlichem Belagmaterial

1 = Backside	3 = Noppengummi
2 = Soft	4 = Antitopspin

Noch wirkungsvoller ist der Angriff mit dem *Antitopspinbelag.* Hier muß der Return, bedingt durch die kurze Flugkurve, wie beim Noppengummibelag stark überzogen werden (siehe Flugkurve 4 in *Abbildung 1,* Seite 101). Man verhält sich ähnlich wie beim Treibball, der eine lange Schlagführung verlangt; denn bei normaler Konterbewegung landet der Ball unweigerlich im Netz.

Bisher ist die Angriffswirkung der verschiedenen Beläge beschrieben worden. Werden die erwähnten Beläge zur Verteidigung eingesetzt, so muß sich der Angriffsspieler entsprechend einstellen.

Gegen Verteidigungsspieler mit *Backsidebelägen* sollte so oft wie möglich mit Topspin angegriffen werden. Denn der Topspin ist mit einem Unterschnitt erzeugenden Backsideschläger nur schwer unter Kontrolle zu bringen (siehe Flugkurve 1 in *Abbildung 2*) – es sei denn, der Ball wird am Ende der Flugbahn retourniert.

Eine andere Möglichkeit besteht darin, die Winkelstellung des Schlägers zu verändern, ihn also senkrechter zu stellen.

Gegen *Soft* muß man mit Topspin vorsichtig operieren, da der Unterschnitt nicht so stark wie beim Backsidebelag ist.

Entscheidend ist auch die Länge der *Noppen.* Lange Noppen sind in der Lage, Überschnitt oder Spin besser zu neutralisieren als Backside oder kurze Noppen (siehe Flugkurve 2 in *Abbildung 2*); denn der Ball haftet besser.

Gegen Soft sollte man nicht nur mit Topspin, sondern auch immer wieder mit Treibbällen angreifen. Diese werden meist relativ hoch retourniert, so daß man dann mit Kernbällen ‹punkten› kann.

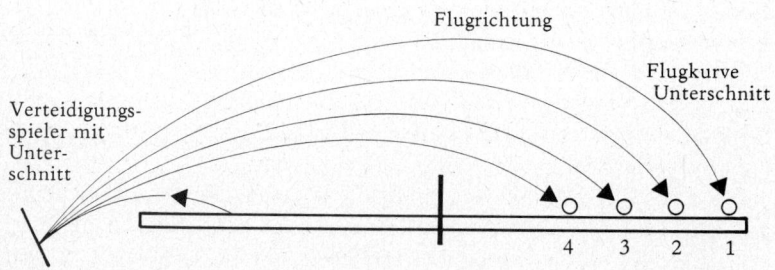

Abb. 2: Verteidigen bei gleicher Schlagausführung (Topspin mit Unterschnitt) mit unterschiedlichem Belagmaterial

1 = Backside	3 = Noppengummi
2 = Soft	4 = Antitopspin

Mit Noppengummibelägen zu verteidigen, hat den Vorteil, daß man normale Topspinbälle mit starkem Unterschnitt und dazu placiert zurückspielen kann (siehe Flugkurve 3 in *Abbildung 2*). Gegen Topspinbälle mit hoher Flugkurve und viel Spin ist allerdings mit Unterschnitt nicht viel auszurichten; hier muß der Ball fast am Ende der Flugkurve zurückgeschlagen werden.

Anders verhält es sich mit dem *Antitopbelag*. Mit ihm können auch starke Topspinbälle mühelos retourniert werden, da der Überschnitt von dem Belag aufgenommen wird (siehe Flugkurve 4 in *Abbildung 2*). Empfindlich reagiert der Verteidigungsspieler mit Antitop dagegen auf normale Treibbälle. Der fehlende Überschnitt des Treibschlags gegenüber dem Topspin hat nämlich zur Folge, daß der Abwehrspieler zusätzlich eine Schubbewegung in Richtung Netz ausführen muß. Ein einfacher Verteidigungsschlag reicht hier also nicht aus. Dadurch entstehen wiederum Unsicherheiten.

Wenn der Gegenspieler mit verschiedenen Belägen auf Vorhand und Rückhand spielt, ist genau zu beobachten, ob dieser den Schläger während des Spiels dreht. Auch wenn die Beläge die gleiche Farbe haben, sehen sie doch unterschiedlich aus, reflektieren und klingen auch anders. Letzteres ist beim Aufsprung des Balls herauszuhören. Besonders der Antitopspin hebt sich im Klang deutlich von möglichen anderen Belägen der Schlägerrückseite ab.

Zwei Erfahrungssätze gilt es zu beachten:

1. Versuche zu erkennen, mit welcher Schlägerseite und damit mit welchem Belag der Gegner spielt; danach kann man sich rechtzeitig besonders auf Verteidigungsbälle einstellen.
2. Beobachte die Flugbahn des Balls, aus der man weitere Schlüsse ziehen kann.

Der Beobachtung der Schlägerseite und der Flugkurve des Balls kommt besonders beim Aufschlag des Gegners große Bedeutung zu. Viele Spitzenspieler – und gerade die Asiaten – sind hier wahre Meister. Sie halten den Schläger unter dem Tisch oder hinter dem Körper, so daß der Belag nur in einem Bruchteil von Sekunden während der Ausführung des Aufschlags erkannt werden kann. Zudem ist der Bewegungsablauf der Aufschlagtechnik dieser Spieler meistens derselbe, egal, mit welcher Schlägerseite sie aufschlagen. – Nur besonders lauf- und reaktionsschnelle Spieler haben Chancen, gegen solche Variationen zu bestehen.

● Ist der Gegner ruhig oder nervös?

Von dem psychischen Zustand des Gegners sollte man sich nicht beeindrucken lassen. Wer stets ruhig, gelassen und konzentriert an das Spiel herangeht, beweist eine gewisse Überlegenheit.

Zu 2: Spielverhältnisse

Die örtlichen Bedingungen wie Lichtverhältnisse, Spielgeräte, Bodenbeschaffenheit und der zur Verfügung stehende Platz sind vor dem Wettkampf zu prüfen. Beachten sollte man folgende Punkte:

● Lichtverhältnisse

Die Seitenwahl sollte man möglichst so einrichten, daß man in der letzten Phase des Spiels die ‹gute›, das heißt die besser ausgeleuchtete oder blendfreie Seite hat. In Turnhallen mit Sonnenlichteinfall und Schattenbildungen prüft man bereits während des Einspielens, welche Seite die bessere Sicht vermittelt.

● Spielgeräte

Vor dem Wettkampf sollten Tisch und Ball durch Einspielen ausreichend erprobt werden; denn zwischen den einzelnen Fabrikaten gibt es – wenn auch geringfügige – Abweichungen. Vor den meisten größeren Wettkämpfen werden Tisch- und Ballmarken allerdings bekanntgegeben, so daß die Möglichkeit besteht, sich auf das zu erwartende Spielgerät einzustellen.

Besonders wichtig ist, daß der Spieler nicht ‹kalt› an den Tisch geht, Mindestens eine Stunde vor dem Wettkampf werden Aufwärmeübungen durchgeführt. Dazu zählen Dehn- und Lockerungsübungen, Laufübungen sowie Übungen am Tisch wie Kontern, Topspin- und Blockbälle. Wichtig ist ferner, daß der Spieler solche Schlagtechniken einübt, die auch später im Wettkampf ihre Bedeutung haben. So ist es sinnlos, allein die Verteidigung einzuüben, wenn man im entscheidenden Spiel nur auf Angriff spielt oder umgekehrt.

● Bodenbeschaffenheit

Ist der Boden sehr glatt, dann sollte man einen wachs- oder wassergetränkten Lappen bereithalten, auf dem man von Zeit zu Zeit die Schuhsohlen ‹griffig› machen kann.

● Platzgröße

Stehen zu den Wettkämpfen nur kleine Boxen zur Verfügung, dann sollte man sich bereits während des Trainings in der eigenen Halle an solche eng begrenzten Platzverhältnisse gewöhnen. Auch wird man seine Abwehrreaktionen nach dem Platzangebot ausführen.

Zu 3: **Zuschauer**
Unter den kritischen Blicken und der Geräuschkulisse vieler Zuschauer Normalform zu bringen, gelingt nicht jedem Spieler. Besonders bei Auswärtsspielen kann ein plötzlicher Beifall irritieren, der einem anderen Spieler oder allein dem Gegner gilt. Hier kann man vorbeugen, indem man beim Training unter ähnlichen Stress-Situationen spielt: Man läßt ein Tonband laufen oder erzeugt mit Schallplatten oder einem Radio laute und unerwartete Nebengeräusche.

Zu 4: **Schiedsrichter**
Die meisten Schiedsrichterentscheidungen sind Tatsachenentscheidungen, die auch vom Oberschiedsrichter nicht umgestoßen werden können. Deshalb sollte man sie ruhig hinnehmen. Protestieren hilft nichts, sondern verursacht nur Konzentrationsverlust bei den nächsten Bällen.

Zu 5: **Fahrt**
Zum Spiel sollte so rechtzeitig angereist werden, daß man ausgeruht und eingespielt in den Wettkampf gehen kann. Ist der Austragungsort über 200 km entfernt, dann ist die Anreise am gleichen Tag mit dem Personenwagen oder Bus bereits problematisch. Dies gilt besonders, wenn man sich selbst ans Steuer setzt. – In solchen Fällen empfiehlt sich die Anreise mit der Bahn; hier kann man sich während der Fahrt bewegen und ausruhen. Auf jeden Fall ist sie weniger anstrengend als eine Autofahrt.
Beginnt der Wettkampf bereits am Morgen, ist eine Übernachtung unumgänglich. Allerdings sollte man bemüht sein, ein ruhiges Zimmer zu finden. Acht Stunden Schlaf vor dem Wettkampf erscheinen notwendig, wobei zu beachten ist, daß die ungewohnte Umgebung häufig den eigenen Lebensrhythmus negativ beeinflußt.

Zu 6: **Ernährung**
Vor dem Wettkampf empfiehlt sich nur leichte Kost. Wasserverluste, die durch Schwitzen entstehen, sind in den Pausen auszugleichen. Dabei dürfen aber keine eiskalten Getränke, noch dazu in großen Mengen, zu sich genommen werden. Getränke ohne Kohlensäure wie aromatischer Tee – allerdings kein schwarzer Tee – mit Traubenzucker, die in kleinen Mengen getrunken werden, eignen sich hier vorzüglich.

Taktik der Aufschläge und des Spielbeginns

Mit dem Aufschlag wird das Tischtennisspiel eröffnet. Jedem Spieler stehen zwischen 15 und 25 Aufschläge pro Satz zur Verfügung. Deshalb ist der Ausführung des Aufschlags und dem Rückschlag, der auf den Aufschlag folgt, große Bedeutung beizumessen.

Der *Aufschläger* spielt konzentriert und bestimmt, wann und wie das Spiel eröffnet wird. Dabei versucht er sofort, sich eine günstige Ausgangsposition für das weitere Spiel zu verschaffen. Schwächen des Rückschlägers werden bereits in dessen Ausgangsstellung erkannt und der Aufschlag entsprechend gestaltet.

Steht zum Beispiel der Rückschläger zu weit vom Tisch entfernt, gibt man einen stark unterschnittenen, extrem kurzen Aufschlag hinter das Netz. Steht er sehr nahe am Tisch, dann spielt man einen schnellen und langen überschnittenen Aufschlag. Rückschlägern, die in der Erwartung des Balls auf der Rückhandseite stehen, gibt man kurze unterschnittene Aufschläge auf die Vorhandseite oder als Überraschungseffekt einen lang überschnittenen Aufschlag auf die Rückhandseite.

Aufschläge, die Schnittvarianten enthalten, sind vom Rückschläger immer dort schlecht zu retournieren, wo man den Aufschlag sowohl mit der Rückhand als auch mit der Vorhand annehmen kann (circa 10 cm neben der rechten Körperseite beim Rechtshänder).

Überraschungsmomente bringen ferner Aufschläge, bei denen der Ball extrem hochgeworfen wird (0,5 bis 1,5 m). Die Wartezeit vom Hochwerfen bis zum Auftreffen des Balls auf den Schläger kann bewirken, daß der Rückschläger in seiner Konzentration gestört wird und dadurch einen Fehler begeht, obwohl der Aufschlag selbst relativ leicht zu meistern wäre.

Weitere Überraschungsmomente bringen Aufschlagausführungen, bei denen die Richtung anfangs durch eine Geste angedeutet wird, auf die sich der Rückschläger einstellt. Im letzten Moment wird der Ball jedoch durch eine kurze Handbewegung oder andere Schlägerführung in die entgegengesetzte Richtung geschlagen. – Mit solchen Aufschlägen sollte man allerdings sparsam umgehen, weil sie sonst den Überraschungseffekt verlieren.

Als *Rückschläger* sind unbedingt folgende Punkte zu beachten: Ist der Rückschläger im Besitz des Balls, wirft er dem Aufschläger erst dann den Ball zu, wenn man bereits seine Ausgangsstellung eingenommen hat. Hat jedoch der Aufschläger den Ball, gibt der Rück-schläger durch Heben der linken Hand bekannt, daß er noch nicht bereit ist.

Wichtig ist die genaue Beobachtung des Aufschlägers vor Beginn. Kurze geschnittene Aufschläge werden ebenfalls kurz und mit Unterschnitt zurückgegeben oder mit einem Flippball retourniert. Aufschläge mit verschiedenen Schnittvarianten läßt man ausspringen, wodurch der Schnitt einen Großteil seiner Wirkung verliert. Dann gibt man den Ball je nach Art des Aufschlags mit Unterschnitt, Überschnitt oder Spin zurück.

Kommt man bei der Rückgabe mit *Unterschnitt* nicht zurecht, dann lassen sich viele Aufschläge gut mit einem Rückhand- oder Vorhandangriffsschlag aus der Halbdistanz heraus retournieren. Sollte der Ball nach dem Aufsprung früh angenommen werden und seitlich weit ins Aus gehen, dann muß die Schlägerstellung korrigiert werden (zum Beispiel nach innen abwinkeln).

Zum Aufschlag und Rückschlag gehören auch die *Pausen* zwischen den einzelnen Ballwechseln. Normalerweise sind Pausen nicht gestattet; doch werden Unterbrechungen durch Abtrocknen des Schweißes, Binden der Schnürsenkel, betont langsames Holen des Balls, Abtreten der Schuhe auf einem feuchten Lappen etc. bewußt eingesetzt, um das Spiel zu verzögern und dadurch den Gegner zu beeinflussen. Auch dienen sie den Spielern, bei denen sich Ermüdungserscheinungen bemerkbar machen.

Pausen sollten nie eingelegt werden, wenn man gerade am Gewinnen ist. So ist es ein Unding, wenn ein hoher Rückstand wie 10:20 aufgeholt werden soll und zwischendurch eine Pause eingelegt wird, obwohl der Gegner zum Weiterspielen bereit gewesen wäre. Im umgekehrten Fall ist eine Pause taktisch gerechtfertigt, manchmal sogar notwendig, um den Spielrhythmus und den Spielfluß des Gegners zu stören.

Taktik gegen Angriffsspieler

Zunächst ist der Angriffsspieler zu analysieren:
- Spielt er überwiegend mit Vorhand?
- Spielt er Penholder?
- Spielt er stets von der Rückhandseite mit Rückhand und von der Vorhandseite mit Vorhand?

Vorhand- und Penholder-Angriffsspieler schlagen 70 bis 80 Prozent aller Bälle mit der Vorhand, und zwar sowohl von der Rückhand- wie von der Vorhandseite des Tischs. Gegen solche Spieler ist bereits beim Aufschlag darauf zu achten, daß sie so wenig wie möglich ihre Stärke, nämlich den Vorhandangriff, einsetzen können. Kurze unterschnittene Aufschläge auf die Vorhandseite, danach ein Flippball oder Topspin weit in die Rückhand, bieten sich hier an.

Steht der Vorhand-Angriffsspieler weit auf seiner Rückhandseite, dann setzt man die Bälle eben weit in dessen Vorhandseite. Solche Spieler haben dann häufig Mühe, den Ball noch zu erlaufen bzw. diesen noch zu placieren.

Gegen bewegungsarme Angriffsspieler, die Vor- und Rückhand gern von der jeweiligen Seite spielen, sollten
• Verteidigungsbälle weit in beide Ecken gesetzt,
• Angriffsbälle dagegen möglichst dicht an den Körper des Gegners gespielt werden.

Ein wechselnder Einsatz dieser Schlagmöglichkeiten wird es jedem – bewegungsarmen – Angriffsspieler schwermachen, die Bälle sicher zu retournieren.

Zudem werden Verteidigungsspieler versuchen, sich mit Schnittwechsel des gegnerischen Angriffs zu erwehren. Wirkungsvoll ist auch, zwei bis drei Bälle dem Gegner in die Rückhand, den vierten dann weit in die Vorhand zu spielen. Zwischendurch stören eigene Vorhand- oder Rückhand-Angriffsbälle das Angriffskonzept des Gegners.

Taktik gegen Verteidigungsspieler

Zunächst ist der Verteidigungsspieler zu analysieren:
• Wie und mit welchen Belägen spielt er?
• Wehrt er mit viel oder wenig Unterschnitt ab?
• Wechselt er oft den Unterschnitt?
• Spielt er nahe am Tisch oder weit entfernt?
• Greift er mit Vorhand, Rückhand oder überhaupt nicht an?

Ein Angriffsspieler muß gegen jeden Verteidigungsspieler den Ball sorgfältig beobachten. Zum vorbereitenden Schlag nimmt man den langsamen, hohen und mit viel Effet gespielten Topspin zu

Hilfe, wechselt zwischendurch und spielt ohne viel Effet einen Treibball. Überhaupt muß gegen den Verteidigungsspieler häufig variiert werden; dies betrifft die Schlagtechnik (Topspin, Treibball, Stoppball, Kernball und Schupfball) ebenso wie den Rhythmus und das Tempo.

Aufschläge sollten keinen zu starken Effet haben. Einfache Aufschläge bieten sich an, die je nach Ausgangsposition des Verteidigungsspielers lang oder kurz zu setzen sind.

Spielen zwei Verteidigungsspieler gegeneinander, wird ein *Zeitspiel* (das heißt die Anwendung der Wechselmethode) nicht ausbleiben. Hier setzt sich meistens der Verteidigungsspieler durch, der über den besseren Angriff verfügt. Wenn möglich, sollte der Rückschläger im Zeitspiel nicht angreifen, sondern sich voll auf die Verteidigung konzentrieren – es sei denn, er liegt hoffnungslos zurück.

Der Aufschläger beginnt frühzeitig mit Angriffsschlägen, damit er bis zum 13. Ballwechsel in der Lage ist, den entscheidenden Punkt zu erzielen.

Taktik gegen Halbdistanzspieler

Der Angriffsspieler muß so schnell wie möglich schlagen, damit dem Halbdistanzspieler nicht genügend Zeit bleibt, um den Ball mit viel Spin zu retournieren. Stoppbälle sind hierbei nur von Vorteil, wenn sie kurz gesetzt werden.

Verteidigungsspieler müssen die Bälle mit viel Schnittwechsel gegen Halbdistanzspieler variieren. Oftmals können Halbdistanzspieler auch mit höheren Unterschnittbällen in Verlegenheit gebracht werden; erfahrungsgemäß können sie solche hochgeschlagenen Bälle schlecht verwerten.

Beim Halbdistanzsystem ist es wichtig, daß die Bälle des Gegners mit Topspin sowohl mit Rückhand als auch mit Vorhand retourniert werden. Der Ball wird dabei etwas unterhalb der Tischoberkante geschlagen; entsprechend ist die Entfernung vom Tisch. Das Spiel selbst sollte von dem Halbdistanzspieler nicht forciert werden.

Gegen Verteidigungsspieler wird der Halbdistanzspieler dieselbe Taktik einschlagen wie der Angriffsspieler.

Doppelspieltaktik

Bereits mit der Zusammensetzung der Doppel beginnt die Taktik. So sollten stets gleichartige Spielsysteme gepaart werden, zum Beispiel Angriffs- mit Angriffsspielern, Verteidigungs- mit Verteidigungsspielern. Ein weiterer wichtiger Faktor ist die optimale Bewegung der Spieler am Tisch, ohne daß einer der Partner behindert wird.

Zwei ideale Kombinationen gibt es bei den Angriffsdoppeln:
- zwei Vorhandspieler, von denen der eine Links-, der andere Rechtshänder ist (siehe Foto 1);
- ein Rückhand- und ein Vorhand-Angriffsspieler.

Bei diesen Formationen steht der rechts angreifende Vorhand-Angriffsspieler auf der linken Seite des Tischs; er bewegt sich immer von der Mitte nach links und zurück. Der links angreifende Vorhand-Angriffsspieler bzw. der Rückhand-Angriffsspieler steht rechts und bewegt sich von der Mitte nach rechts und zurück. Diese Angaben gelten auch für das Aufschlagspiel.

Neben solchen idealen Kombinationen gibt es erfolgreiche Doppelpaarungen, in denen zwei Rechtshänder mit Vorhand-Angriff zusammen spielen (siehe Foto 2). Bei diesen Doppeln müssen die Spieler besonders schnell auf den Beinen sein, da der Aktionsradius, um die Spielstellung zu erreichen, wesentlich größer ist. Jeweils der

1

2

Spieler, der geschlagen hat, weicht nach rechts–hinten aus und bewegt sich von dort nach vorn zur Tischmitte.

Ein erfolgreiches Angriffsdoppel ergibt sich nur, wenn ein Partner hauptsächlich das Spiel vorbereitet und sicher spielt, während der andere ‹punktet›. Dieser trägt allerdings auch das Risiko der höheren Fehlerquote.

Bilden zwei Verteidigungsspieler ein Doppel, dann sollte nur der Spieler angreifen, der die bessere Trefferausbeute hat. Dies gilt vor allem für Doppelspiele, in denen die Zeitregel in Kraft tritt.

Im *Mixed-Doppel* gilt die Regel: Wenn man vor Spielbeginn die Wahl gewinnt, wählt man den Rückschlag und bestimmt somit, wer den gegnerischen Aufschlag annimmt.

Günstig ist in den allermeisten Fällen eine Aufstellung, in der nach dem Wechsel im Entscheidungssatz der Mann auf die Frau spielt, da Frauen erfahrungsgemäß mit der Schlagtechnik der Männer weniger gut zurechtkommen. Im Herren- oder Damendoppel hat nicht selten ein Doppelpartner Schwierigkeiten mit den Bällen seines Gegenübers; hier wendet man dieselbe Taktik wie beim Mixed-Doppel an.

Spezielle taktische Hinweise für den Wettkampf

Dem Trainer oder Übungsleiter bieten sich verschiedene Möglichkeiten an, auf die Spieler einzuwirken. Einen der wichtigsten Faktoren bildet die Wettkampfanalyse, die mit als Grundlage für das Trainingsprogramm dient. Viele Spieler können aus Nervosität gewisse Barrieren einfach nicht überwinden. Im entscheidenden Moment wirken sie verkrampft und spielen erfolglos, obwohl sie im Training die sogenannten Weltmeister sind. Hier gilt es, durch Konzentrationsübungen, Yoga, autogenes Training oder Tiefenentspannung diese Hemmnisse zu beseitigen.

Ein konkretes Beispiel wäre eine hohe Führung gegen Ende des Satzes, die nicht zum Erfolg ausgewertet werden kann. Der Trainer muß diese Wettkampfsituationen im Training simulieren und ähnliche Stress-Situationen herbeiführen.

Beispiele

Spieler A verliert die meisten Spiele in der Verlängerung. Im Training muß Spieler A immer wieder Spiele bei 20 : 20 beginnen.
Spieler B kann bei einer 19 : 16-Führung nicht gewinnen. Übung im Training: Spiele bei 19 : 16 beginnen, und zwar bei eigenem Aufschlag und als Rückschläger.
Spieler C hat immer in der Mitte des Satzes Schwächeperioden. Hier gilt es herauszufinden, ob er Konditions- oder Konzentrationsschwächen hat.
Konditionsschwächen sind durch Intervallübungen abzubauen.
Konzentrationsschwächen – etwa in der Mitte des Satzes – lassen sich reduzieren, indem man kürzere, dafür aber mehrere Sätze im Training spielt.

Die erste Bedingung, um erfolgreich zu bestehen, lautet: «Weiche nie vom eigenen System ab.» Ein Angriffsspieler etwa greift immer an – sowohl gegen Verteidigungsspieler als auch Halbdistanzspieler und vor allem gegen Angriffsspieler.
Nach Fehlpunkten sollte man keine Reaktion wie Ärger oder Resignation zeigen. Auch gegenteilige Reaktionen wie Freude sollten vor Spielende nicht zur Schau getragen werden. Meistens erhält ein Spieler Auftrieb, wenn der Gegner resigniert oder sich ärgert, und spielt dann noch besser. Zudem vermindern Ärger und Resignation die Konzentration, wodurch sich wiederum Fehlpunkte einschleichen. Im umgekehrten Fall kann ‹Schadenfreude› den Gegner motivieren und beflügeln, neue Kräfte zu mobilisieren und seine spielerische Leistung zu bessern.
Alle Spieler haben ihren Spielrhythmus. Gelingt es, den Rhythmus des Gegners zu stören, ist das Spiel schon halb gewonnen.
Jeder Spieler verfügt über eine bestimmte Schlagtechnik, die gleichmäßig und mit einer bestimmten Schnelligkeit ausgeführt wird. Diese Eigenschaften bestimmen den Rhythmus des Spiels.
Den Rhythmus des Gegners stören heißt:
● Tempowechsel in die Schlagvariationen hineinbringen;
● Pausen einlegen oder das Spielsystem ändern;
● nicht nur verteidigen, sondern zwischendurch angreifen;
● nicht nur angreifen, sondern zwischendurch einen Verteidigungsball einstreuen etc.
Bei drei Gewinnsätzen steht den Spielern nach dem dritten Satz

eine Pause von fünf Minuten zu. Allerdings sollten nie Pausen eingelegt werden, wenn man im Vollbesitz seiner Kondition und gleichzeitig auf der Gewinnerstraße ist. Voraussetzung ist allerdings das Einverständnis des Gegners.

Pausen sollten unter allen Umständen eingelegt werden, wenn dem Gegner alles gelingt und er kaum zu besiegen ist, wenn sich Ermüdungserscheinungen bemerkbar machen und die Konzentration nachläßt oder wenn der Gegner danach verlangt.

Kann in der Pause keine leichte Massage vorgenommen werden, dann ist es besser, sich zu bewegen als auf der Bank sitzen zu bleiben.

Wettkampfregeln und Austragungssysteme

Schiedsrichter (SR)

Die Regeln sehen vor, daß für jede Veranstaltung ein Oberschiedsrichter (OSR) und für jedes einzelne Spiel ein Schiedsrichter (SR) eingesetzt wird. Der SR kann bei Bedarf von Hilfsschiedsrichtern (Zeitnehmer, Schlagzähler, Netzball-, Aufschlag-, Linien-, Kantenballrichter, Zählgerätbediener) unterstützt werden.

Der *OSR* ist in Deutschland – diese Einschränkung ist erforderlich, weil er in einigen anderen Ländern der Gesamtleiter einer Veranstaltung ist – verantwortlich für Einsatz und unter Umständen Ablösung aller SR und Hilfs-SR. Er ist letzte Instanz in allen während der Veranstaltung auftretenden Regelfragen und kann daher auch eine falsche Regelentscheidung eines SR aufheben. In gewissen Fällen ist er berechtigt, einen Spieler zu disqualifizieren, etwa wenn sich dieser fortgesetzt grob unsportlich verhält oder wenn – nachdem sich zwei Spieler vorher nicht auf einen Ball einigen konnten – ein Spieler die endgültige Entscheidung des OSR über den zu verwendenden Ball nicht akzeptiert. Von vornherein entscheidet der OSR über die Zulässigkeit von Schlägern und anderem Spielmaterial (auch die äußeren Spielbedingungen) sowie der Spielkleidung.

Der *SR* leitet das ihm anvertraute Spiel eigenverantwortlich. Seine Tatsachenentscheidungen – zum Beispiel «Netz berührt!» – können auch vom OSR nicht aufgehoben werden. Allerdings kann er selbst eine solche Entscheidung revidieren, wenn *beide* Spieler oder Paare der Meinung sind, er habe sich geirrt, und wenn er zudem selbst einen Irrtum nicht ausschließt. Allein der SR hat darüber zu ent-scheiden, ob ein Aufschlag korrekt ist oder nicht. Deshalb schreibt die Regel vor, daß die Spieler sichtbar für den SR aufschlagen müssen. Allerdings kann der SR den ihm gegenübersitzenden Hilfs-SR («Aufschlagrichter») zu Rate ziehen, um die Korrektheit zu entscheiden.

Werden Teile der Verantwortlichkeit des SR auf *Hilfs-SR* (wie Kantenballrichter auf der dem SR gegenüberliegenden Tischseite) delegiert, so treffen diese konsequenterweise auch die endgültigen Tatsachenentscheidungen für den ihnen zugewiesenen Bereich. An-sonsten handeln sie nach Anweisung des SR. Bestes Beispiel dafür ist der Zeitnehmer: Er wird – in der Regel allerdings vor Spielbeginn – vom SR angewiesen, wann er die Uhr (etwa bei bestimmten Störungen) anzuhalten und wieder zu starten hat.

Bei allen größeren Veransaltungen ist es inzwischen üblich, als OSR und SR nur besonders ausgebildete und geprüfte Schiedsrichter einzusetzen. So verfügt etwa der Deutsche Tisch-Tennis Bund über mehr als hundert ‹Bundesschiedsrichter›, von denen sich rund vier-zig darüber hinaus als ‹internationale Schiedsrichter› qualifiziert haben und häufig im Ausland (Welt- und Europameisterschaften, Offene Internationale Meisterschaften sowie Spiele der Europaliga) fungieren.

In der Schiedsrichterfrage ist Tischtennis sicherlich noch ein gutes Stück vom Fußball entfernt, und das vorwiegend aus Kostengrün-den: Legt man das zur Zeit bei den Herren überwiegend praktizierte Paarkreuzsystem zugrunde, bei dem gleichzeitig an zwei Tischen gespielt wird, müßten selbst zu einem Punktspiel in der untersten Klasse drei Schiedsrichter (1 OSR, 2 SR) geschickt werden. Wenn hier auch durchaus festgehalten werden sollte, daß die 15 Landes-verbände des DTTB ebenfalls über – von ihnen nach einheitlichen Richtlinien des Bundes ausgebildete – SR («Verbandsschiedsrich-ter») in teilweise respektabler Anzahl verfügen, so werden doch die Spieler, soweit sie nicht einer der beiden höchsten Spielklassen angehören, immer noch und auf absehbare Zeit in den Begegnun-gen ihrer Mannschaftskameraden als Schiedsrichter fungieren müssen.

Austragungssysteme

Einzelsport

K. o.-System
Es ist der unkomplizierteste und am wenigsten Zeit beanspruchende Austragungsmodus. Wer verliert, ist ausgeschieden; der Gewinner kommt weiter. Um zu vermeiden, daß die stärksten Spieler zu früh aufeinandertreffen, ‹setzt› man sie. In unserem Beispiel (siehe Schema) werden die beiden stärksten Spieler auf die Plätze vier und acht gelost. Die übrigen Teilnehmer werden frei eingelost, wobei man noch Spieler desselben Klubs/Verbands usw. in unterschiedliche Hälften oder Viertel losen kann. Sind zu wenig Spieler da, erhalten zunächst die Gesetzten ein Freilos. Ist die Zahl der Teilnehmer größer als die der Felder, müssen Vorspiele gemacht werden.

K. o.-System mit Trostrunde
Dieses Verfahren wird noch heute bei den Weltmeisterschaften angewendet. Es entspricht dem normalen K. o.-System; doch tragen die Verlierer der ersten Runde (oder der Vorrunde oder auch aus beiden zusammen – je nach Festlegung) ebenfalls nach dem K. o.-Verfahren einen zusätzlichen Wettbewerb («Trostrunde») aus, dessen Sieger freilich in den eigentlichen Wettbewerb nicht mehr eingreifen kann.

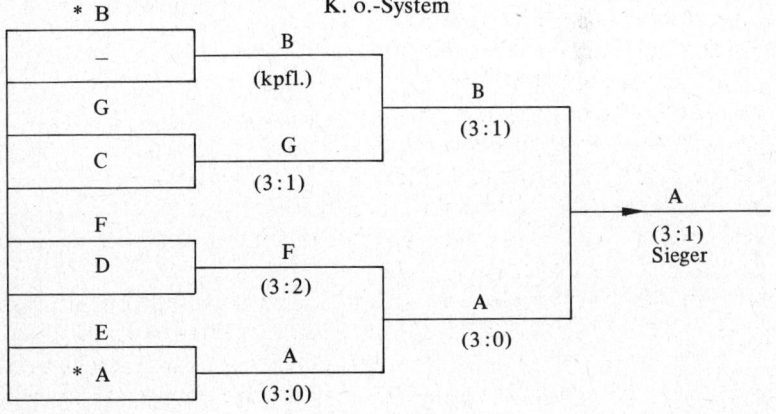

K. o.-System

* = gesetzte Spieler

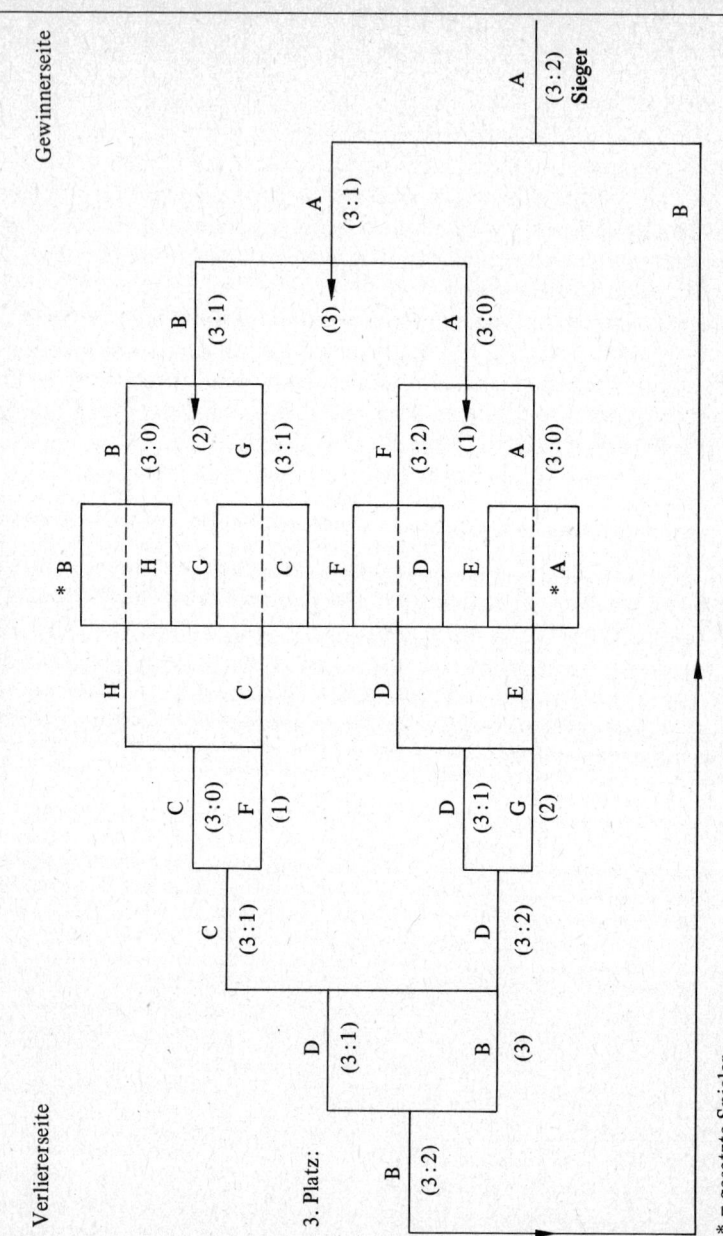

Doppeltes K. o.-System

Gewinnerseite

Verliererseite

3. Platz:

* = gesetzte Spieler

Doppeltes K. o.-System

Nach einer Niederlage ist noch längst nicht alles verloren: Man bleibt weiter im Wettbewerb, kann das Feld von der Minusseite her aufrollen und noch Gesamtsieger werden. Allerdings muß in dem Fall der Gewinner der Hauptrunde, der ja bis dahin keine Niederlage aufzuweisen hat, zweimal bezwungen werden. Wer sich eine zweite Niederlage einhandelt, scheidet jedoch aus.

Jeder gegen jeden

Der Name spricht bei diesem wohl gerechtesten System für sich selbst. Da es sehr zeitaufwendig ist, empfiehlt es sich vorwiegend bei geringer Teilnehmerzahl. Übrigens wird bei vielen Mannschaftswettkämpfen – so bei allen Punktspielen – der Meister ebenfalls nach diesem Modus ermittelt (siehe Schema).

«Jeder gegen jeden»

	A	B	C	D	Punkte/ Sätze	Platz
A		3:2	3:0	3:1	3:0 9:3	1
B	2:3		3:1	3:2	2:1 8:6	2
C	0:3	1:3		2:3	0:3 3:9	4
D	1:3	2:3	3:2		1:2 6:8	3

Vorgabeturniere
Solche Turniere, meistens nach dem einfachen oder doppelten
K. o.-System gespielt, versuchen, Unterschiede in der Spielstärke
dadurch auszugleichen, daß der Stärkere dem Schwächeren einen
Punktvorsprung zu geben hat. Bei einem «Handikap» von zwei oder
drei (je nach Festsetzung) Punkten pro Spielklasse müßte daher ein
Spieler der I. Bezirksklasse seinem Gegner aus der II. Kreisklasse
sechs (oder neun) Punkte Vorsprung geben, das heißt in jedem Satz
mit 0 : 6 (oder 0 : 9) beginnen. Eigentlich sind diese Vorgabeturniere nur inoffiziell – in ‹offiziellen› Turnieren werden, der unterschiedlichen Spielstärke entsprechend, verschiedene Turnierklassen wie S, A, B, C ausgeschrieben. Vorgabeturniere sind vor allem
da reizvoll, wo man Anfänger und Freizeitspieler mit Vereinsspie-
lern zusammen starten läßt.

Mannschaftssport

Corbillon Cup-System
Der frühere Präsident des französischen Tischtennisverbandes,
Marcel Corbillon, stiftete den Wanderpokal für den Mannschaftsweltmeister der Damen. Das System, in dem alle zwei Jahre das
weltbeste Damenteam ermittelt wird, trägt seinen Namen heute
ebenso wie der Pokal.
Der Austragungsmodus ist dem im Davis Cup sehr ähnlich: Zwei
Spieler(innen), die nicht ihrer Stärke nach aufgestellt werden müssen, bestreiten maximal je zwei Einzel und ein Doppel, für das
jedoch auch andere Spieler(innen) eingesetzt werden dürfen. Höch-
stens ergeben sich fünf Spiele; jedoch wird die Begegnung mit dem
dritten, dem Siegpunkt für eine Mannschaft, abgebrochen. Das als
dritte Begegnung gespielte Doppel braucht erst nach den beiden
Eingangseinzeln gemeldet zu werden.
Wer durch seinen Einsatz im Doppel zwei oder mehr Spiele hinter-
einander bestreiten muß, hat zwischendurch Anspruch auf jeweils
bis zu zehn Minuten Pause. Vor dem Spiel losen die beiden Mannschaftsführer um die Bezeichnung AB bzw. XY. Danach stellt jeder
seine Mannschaft auf, ohne die gegnerische Aufstellung zu kennen.
Spielfolge:

1. A gegen X	4. A gegen Y
2. B gegen Y	5. B gegen X
3. Doppel	

Swaythling Cup-System

Gestiftet von Lady Swaythling, der Mutter des ITTF-Gründerpräsidenten Sir Ivor Montagu, ehrt der Swaythling Cup den Mannschaftsweltmeister der Herren.

Eine Mannschaft besteht aus drei Spielern, die nicht der Spielstärke nach aufgestellt werden müssen. Sie bestreiten, jeder gegen jeden, maximal neun Einzel (Doppel werden nicht gespielt); doch wird nach dem 5. (Sieg-)Punkt für eine Mannschaft abgebrochen. Die Mannschaftsführer losen vor Beginn des Kampfs um die Bezeichnung A oder X und benennen dann aus bis zu fünf Spielern die drei für den betreffenden Kampf, und zwar ohne Kenntnis der gegnerischen Aufstellung.

Spielfolge:

1. A gegen X	5. A gegen Z
2. B gegen Y	6. C gegen Y
3. C gegen Z	7. B gegen Z
4. B gegen X	8. C gegen X
9. A gegen Y	

Corbillon und Swaythling Cup-System haben mehreres gemeinsam: Sie geben dem Mannschaftsführer bei der Aufstellung genügend Raum für taktische Überlegungen; sie sind, weil im System leicht durchschaubar und an einem einzigen Tisch ausgetragen, für den Zuschauer interessant; schließlich bieten sie sich aus diesem letzten Grund, aber auch wegen ihrer geringen Spielerzahl, für Mannschaftsturniere geradezu an.

Europaliga-System

Der Name besagt es eigentlich schon: Nach diesem System tragen Ländermannschaften regelrechte Punktspiele aus, allerdings in einer einfachen Runde. Es ist das einzige System im Tischtennis, in dem Damen und Herren in einer Mannschaft spielen. Genau gesagt sind es zwei Herren und eine Dame, die insgesamt vier Herreneinzel (HE), ein Dameneinzel (DE), ein Herrendoppel (HD) und ein gemischtes Doppel (GD) austragen, wobei allerdings in den Doppeln andere Spieler(innen) eingesetzt werden können. Auch hier muß nicht der Spielstärke entsprechend aufgestellt werden. Ein Abbruch nach dem Siegpunkt ist nicht gestattet – alle sieben Begegnungen müssen ausgetragen werden. Die Heimmannschaft wird mit

«A» (in der Spielfolge jeweils links aufgeführt), die Gastmannschaft
mit «X» bezeichnet.

Spielfolge:

1. HE 1 gegen 2	4. HD
2. HE 2 gegen 1	5. GD
3. DE	6. HE 1 gegen 1
7. HE 2 gegen 2	

Schwedisches Ligasystem

Es unterscheidet sich vom Swaythling Cup-System nur durch ein
nach dem dritten Spiel eingeschobenes Doppel, das spätestens nach
Ende dieses dritten Einzels aus den fünf zur gesamten Mannschaft
gehörenden Spielern gemeldet werden muß. Die Gesamtzahl der
möglichen Spiele erhöht sich durch das Doppel auf zehn, so daß als
Ergebnis auch ein Unentschieden möglich ist. Diese Tatsache wiederum macht das Schwedische Ligasystem für Punktspiele geeignet,
bei denen man auf eine Punkteteilung nicht verzichten möchte.

Vierer-Mannschaft-System

Die Bundesliga der Damen bestreitet ihre Spiele nach diesem Modus. Vier Spielerinnen, nicht der Stärke nach aufgestellt, tragen
insgesamt bis zu 16 Einzelspiele (jede gegen jede) aus. Der Kampf
wird jedoch abgebrochen, sobald eine Mannschaft neun Spiele gewonnen hat. Vor Beginn des Kampfs, der an zwei Tischen gleichzeitig ausgetragen wird, losen die Mannschaften um die Bezeichnung
«A» bzw. «B».

Spielfolge:

1. A 1 gegen B 1	9. A 4 gegen B 2
2. A 2 gegen B 2	10. A 2 gegen B 4
3. A 3 gegen B 3	11. A 3 gegen B 1
4. A 4 gegen B 4	12. A 1 gegen B 3
5. A 2 gegen B 1	13. A 3 gegen B 2
6. A 1 gegen B 2	14. A 2 gegen B 3
7. A 4 gegen B 3	15. A 4 gegen B 1
8. A 3 gegen B 4	16. A 1 gegen B 4

Bei Freundschaftsspielen kann man natürlich noch in jeder der
beiden Mannschaften zwei Doppel bilden, die dann nach dem gleichen Prinzip – jeder gegen jeden – je zwei Doppelspiele austragen
und damit die Gesamtzahl der Begegnungen auf 20 erhöhen.

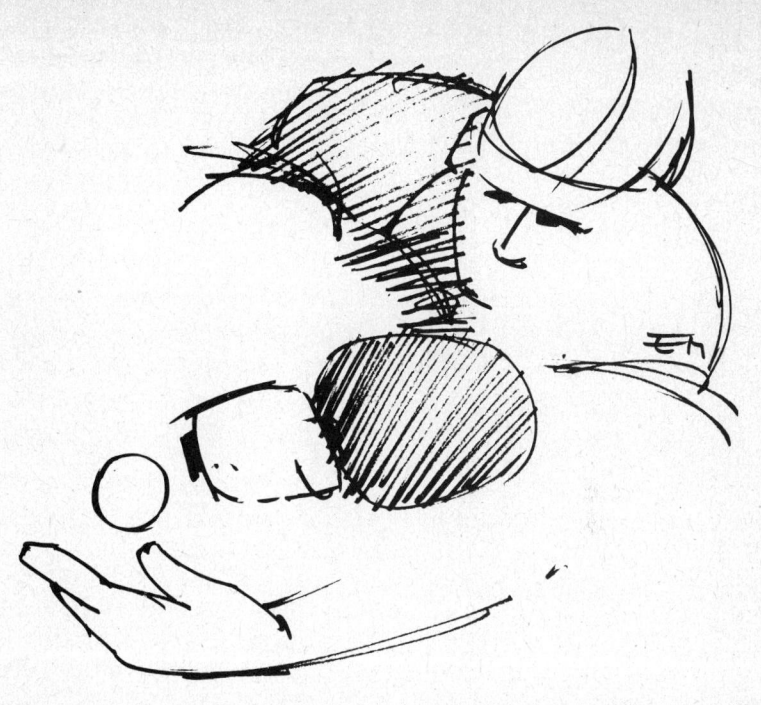

Wer kolossal angeben kann . . .

. . . wer sich traut, dem andern einen reinzuschmettern und sich nicht scheut, ganz gemein zu schneiden, wer abends mit Schlägern umgeht und an Platten seine Freude hat – der spielt Tischtennis.
Wer lieber Reserven auf der Bank hat, statt auf der Reservebank zu sitzen, wer lieber etwas im Rücken hat, statt es im Rücken zu haben – der kauft Pfandbriefe.

Pfandbrief und Kommunalobligation

Meistgekaufte deutsche Wertpapiere - hoher Zinsertrag - schon ab 100 DM bei allen Banken und Sparkassen

Verbriefte  Sicherheit

Paarkreuzsystem

Nach diesem Verfahren werden immer noch, obwohl wegen seiner Länge von bis zu drei Stunden häufig kritisiert, die meisten Punktspiele in Deutschland – besonders bei den Herren – ausgetragen. Gespielt wird mit Sechser-, in den unteren Klassen und bei den Damen häufig auch mit Vierermannschaften. Für die beiden Doppel können auch andere Spieler eingesetzt werden, so daß die maximale Mannschaftsstärke zehn (bei Vierermannschaften: acht) Spieler beträgt. Die Einzelspieler *müssen* – im Gegensatz zu allen anderen hier dargestellten Systemen – ihrer Spielstärke nach aufgestellt werden. Die Doppel dagegen können beliebig bzw. nach taktischen Überlegungen zusammen- und aufgestellt werden. Vor Beginn des Kampfs werden sie von den Mannschaftsführern ohne Kenntnis der gegnerischen Doppel nominiert.

Wo es nicht üblich ist, automatisch die Heimmannschaft mit «A» und die Gastmannschaft mit «B» zu bezeichnen, kann auch darum gelost werden. Mannschaftskämpfe nach dem Paarkreuzsystem sind stets an zwei Tischen gleichzeitig auszutragen. Nach dem 9. (Vierermannschaft: 7.) Siegpunkt für eine Mannschaft wird abgebrochen. Spielfolge (die mit * bezeichneten Spiele entfallen bei Vierermannschaften):

 1. Doppel A 1 gegen Doppel B 2
 2. Doppel A 2 gegen Doppel B 1
*3. Einzel A 5 gegen Einzel B 6
*4. Einzel A 6 gegen Einzel B 5
 5. Einzel A 1 gegen Einzel B 2
 6. Einzel A 2 gegen Einzel B 1
 7. Einzel A 3 gegen Einzel B 4
 8. Einzel A 4 gegen Einzel B 3
*9. Einzel A 6 gegen Einzel B 6
*10. Einzel A 5 gegen Einzel B 5
 11. Einzel A 1 gegen Einzel B 1
 12. Einzel A 2 gegen Einzel B 2
 13. Einzel A 3 gegen Einzel B 3
 14. Einzel A 4 gegen Einzel B 4
 15. Doppel A 2 gegen Doppel B 2
 16. Doppel A 1 gegen Doppel B 1

Natürlich gibt es noch eine Reihe anderer Spielsysteme; hier wurden bewußt jedoch nur die gebräuchlichsten dargestellt.

Tischtennisspiele

1. Wie das normale Tischtennisspiel, bei dem der Aufschläger nach
fünf Punkten zum Rückschläger wird, variiert werden kann, zeigen
folgende Beispiele :
- Ein Spieler schlägt den gesamten Satz auf, oder der Aufschlag
  wechselt nach 10, 15, 20 Punkten.
- Das Spiel beginnt nicht bei 0:0, sondern bei irgendeinem Satzstand wie 10:10, 13:17 oder 20:20.
- Das Spiel ist nicht bei 21, sondern bei 11, 30 oder 50 Punkten
  beendet; zum Spielende genügt ein Punkt Differenz, nicht zwei
  Punkte, wie die Regel besagt.
- Es wird nur mit der Vorhand oder nur mit der Rückhand gespielt;
  wer dagegen verstößt, erhält einen Fehlerpunkt.
- Es wird nur auf Angriff oder nur auf Verteidigung gespielt; es gilt
  als Zeitspiel, wobei die Wechselmethode (siehe Kapitel *Regelkunde*, S. 35 und 36) angewendet wird.

2. Doppelspiele; ein Spieler spielt allein gegen zwei (siehe Foto 1),
drei oder mehrere, wobei jeder Spieler einmal aufschlägt. Stehen
mehr als drei Spieler auf einer Seite, sollten sie immer gegen einen
Partner spielen. Die Variante kann auch als Konditionstraining mit
Hindernissen geübt werden (siehe Foto 2).

1

2

3. Vier Spieler spielen mit zwei Bällen an einem Tisch. Dabei finden zwei Einzelspiele statt, und zwar entweder auf den Diagonalfeldern (siehe Foto 3) oder auf den Längsfeldern (siehe Foto 4). Wird auf den Längsfeldern gespielt, dann ist darauf zu achten, daß die Mitte der Grundlinie als Grenze eingehalten wird. Um Behinderungen zu vermeiden, sollten sie von den Spielern nicht überschritten werden. Ein Überreichen der Mittellinie mit dem Schlagarm ist dagegen möglich. Die Spieler werden durch entsprechende Übungen so eingeteilt, daß die Schlagarme jeweils innen zusammenkommen.

4. Zwei Spieler bestreiten ein Einzel auf zwei nebeneinandergestellten Tischen, über die ein entsprechend verlängertes Netz gespannt wird (siehe Foto 5, Seite 124). Dieses Spiel eignet sich gleichzeitig als Lauftraining.

5. *Kaiserspiel:* Jeweils zwei Spieler einer Gruppe werden willkürlich für einen Tisch eingeteilt. Dabei ist eine Reihe von Tischen zu besetzen. An sämtlichen Tischen beginnt das Kaiserspiel gleichzeitig. Nach einer bestimmten Zeiteinheit (zwei, drei, vier oder fünf Minuten) wird gewechselt: Der Sieger rückt einen Tisch vor, der Verlierer geht einen Tisch zurück.
Anstelle der Zeiteinheit können auch Punktunterschiede innerhalb eines Satzes oder das Satzende für den Wechsel sorgen. Dabei wird

3

4

5

von dem Spielerpaar ausgegangen, das als erstes das festgelegte Limit erreicht hat. Die anderen Spielerpaare brechen ihr Spiel dann zum jeweiligen Satzstand ab. Bei Gleichstand wird der nächste Punkt ausgespielt.
Der Wechsel erfolgt so, wie eingangs erwähnt. Sind mehr Spieler als Tische vorhanden, dann kommt der letzte Spieler auf die Auswechselbank und entsprechend der Reihenfolge wieder zum Einsatz.

6. *Chinesischer* oder *Mexikanischer Rundlauf* wird folgendes Spiel genannt:
Vier bis sechs Spieler verteilen sich gleichmäßig an einem Tisch (oben und unten). Hat ein Spieler den Ball gespielt, läuft er zur entgegengesetzten Seite und stellt sich hinten an, bis er zum Schlagen wieder an die Reihe kommt. Wer einen Fehler begeht, scheidet aus (siehe Foto 6).
Zum Schluß bleiben zwei Spieler übrig, die nach ein, zwei oder drei Punkten den Sieger ermitteln.
Beim ‹Rundlauf› ist darauf zu achten, daß alle Spieler nach dem Schlagen in die gleiche Richtung laufen, und zwar rechts oder links um den Tisch herum.

6

Das Spiel kann variiert werden, indem zum Beispiel nur mit der Rückhand oder Vorhand geschupft wird. Auf Angriff sollte nicht gespielt werden; sonst verliert der ‹Rundlauf› an Wirkung.
Der Rundlauf kann auch ohne Ausscheiden gespielt werden, wobei die Fehler der einzelnen Spieler gezählt werden. Sieger ist der mit den wenigsten Fehlern.

7. Teile des Tischs werden abgedeckt; es zählen dann nur die Punkte, die in den nicht abgedeckten Stellen erzielt werden.

Wer spielt gegen wen, wer trainiert mit wem?
Beim Tischtennis kann grundsätzlich jeder gegen jeden spielen. Alter und Leistungsstand sind dann unerheblich, wenn es vorrangig um den Freizeitaspekt geht. Sportlich interessant sind jedoch nur solche Spiele, bei denen jeder Partner gewinnen kann. Für das Training ist es deshalb von Vorteil, wenn gleich starke Spieler zusammen üben. Dieses Prinzip ist vor allem bei Anfängern und Jugendlichen wichtig. Es nützt wenig, wenn der eine Partner sehr gut spielt und der andere kaum in der Lage ist, einen Punkt zu machen. Im Gegenteil: Der schwächere Partner hat kein Erfolgserlebnis und verliert die Lust am Spiel.

Was kann man tun, wenn ungleich starke Spieler zusammen Tischtennis betreiben wollen?

Beliebt sind in solchen Fällen *Vorgabespiele.* Der stärkere Partner gibt pro Satz so viele Punkte vor, daß für beide Spieler eine Möglichkeit besteht, den Satz zu gewinnen. Dieses Spiel hat nichts mit einer Geringschätzung der Leistung des schwächeren Spielers zu tun, sondern soll vielmehr ein Ansporn für ihn sein.

Weitere Variationen sind:

● nur mit Vorhand oder nur mit Rückhand spielen;
● nur Angriff oder nur Verteidigung spielen mit dem Ziel: Jeder kann das Spiel gewinnen.

Besondere Schwierigkeiten bereitet ein Jugendtraining, in dem das Leistungsgefälle ziemlich groß ist. Da die stärkeren Spieler nicht gern mit schwächeren Spielern trainieren, zudem meist sehr schnell in der Konzentration nachlassen, ist es von Vorteil, verschiedene Gruppen zu bilden, die in etwa dieselbe Leistungsstärke haben. Damit auch schwächere Spieler einmal gegen starke Spieler trainieren und spielen können, bietet sich das Kaiserspiel an.

Im gemeinsamen Training sollte man solche Übungen ausführen, die sowohl die starken als auch die schwachen Spieler beherrschen.

Talentsuche und Talentförderung

Bei sinnvoller Jugendarbeit, die gezielt auf Leistung ausgerichtet ist, gehört es zu den Aufgaben der Trainer, nach einem bestimmten Zeitpunkt eine Auslese zu treffen. Hierzu bieten sich verschiedene Tests an, wobei folgende Beurteilungen gelten:

1 = gut
2 = durchschnittlich
3 = weniger geeignet

1. Reaktionstest

Die Reaktion ist eine der wichtigsten Voraussetzungen für den Tischtennissport. Sie kann bei Anfängern, die den Schupfball beherrschen, wie folgt getestet werden: Der Spieler stellt sich mit dem Rücken zum Tisch. Der Trainer läßt 30 bis 40 cm hinter dem Spieler einen Tischtennisball aus 1 bis 1,2 m Höhe auf den Tisch fallen. Der Spieler hört den Aufsprung, sieht jedoch den Ball nicht. Nach dem

Aufsprung muß sich der Spieler so schnell drehen, daß er den Ball, bevor dieser zum zweitenmal aufspringt, korrekt in das gegnerische Feld schupft. – Jedem Spieler stehen zehn Versuche zur Verfügung.

Fehler
- der Ball wird nicht getroffen
- der Ball springt zwei oder mehrere Male auf
- der Ball wird nicht in das gegnerische Feld geschupft, sondern geht ins Netz oder ins Aus

Beurteilung
(pro Versuch 1 Punkt; maximal sind 10 Punkte zu erreichen)
  8–10 P = 1   7–3 P = 2   2–0 P = 3

2. Lauftest mit dem Tischtennisball
Bei dieser Übung soll die Schnelligkeit, verbunden mit Gewandtheit und Ballgefühl, getestet werden. Die Streckenlänge beträgt 15 m.
  2.1. Ball tippen und laufen
  2.2. Ball prellen und laufen
  2.3. Ball jonglieren und laufen

Fehler
Wird der Ball bei einer dieser drei Übungen verloren und muß innerhalb der Strecke neu begonnen werden, dann werden zu der erzielten Zeit für je eine Unterbrechung 5 Sekunden dazugezählt.

Beurteilung
2.1.: 1 =   6 Sek. und darunter 2 =   7–15 Sek. 3 = über 15 Sek.
2.2.: 1 = 10 Sek. und darunter 2 = 11–20 Sek. 3 = über 20 Sek.
2.3.: 1 =   8 Sek. und darunter 2 =   9–17 Sek. 3 = über 17 Sek.

3. Spieltest
Eine Hälfte des Tischtennistischs wird in drei Zonen aufgeteilt, von denen die Mittelzone doppelt so groß ist wie die Netz- und Grundlinienzone (siehe *Abbildung*, Seite 128). Verschiedene einfache Schlagarten wie Aufschlag, Kontern und Schupfen müssen nun vom Spieler in bestimmte Zonen gespielt werden; Voraussetzung ist allerdings das Beherrschen der geforderten Schlagarten.

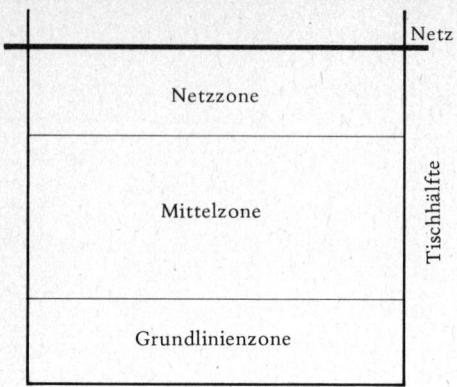

Dem Spieler werden vom Trainer die Bälle genau zugespielt. Für Kontern und Schupfen, die nacheinander ohne Unterbrechung gespielt werden, gibt es drei Versuche, von denen der beste gewertet wird. Ansonsten zählt jeder Schlag einen Punkt.

Fehler
Alle Bälle, die nicht in die vorbestimmte Zone gespielt werden.
3.1. Aufschlag–Rückhand   10mal – Mittelzone
     Aufschlag–Vorhand   10mal – Mittelzone
3.2. Kontern–Rückhand   5mal nacheinander – Mittelzone
     Kontern–Vorhand   5mal nacheinander – Mittelzone
3.3. Schupfen–Rückhand   5mal nacheinander – Mittelzone
     Schupfen–Vorhand   5mal nacheinander – Mittelzone
3.4. Schupfen–Rückhand   5mal nacheinander – Netzzone
     Schupfen–Rückhand   5mal nacheinander – Grundlinienzone

Beurteilung
3.1.: 1 = 15–20 P   2 = 5–14 P   3 = unter 5 P
3.2.: 1 = 6–10 P   2 = 2– 5 P   3 = unter 2 P
3.3.: 1 = 6–10 P   2 = 2– 5 P   3 = unter 2 P
3.4.: 1 = 5–10 P   2 = 1– 4 P   3 = unter 1 P
Mit ‹3› werden alle Übungen von 3.2, 3.3 und 3.4 gewertet, die nicht nacheinander gespielt werden.

Gesamtbeurteilung

Reaktionstest:	20 Prozent
Lauftest:	30 Prozent
Spieltest:	50 Prozent

Beispiel

Reaktionstest	2 entspricht 2 × 2 = 4
Lauftest	3 entspricht 3 × 3 = 9
Spieltest	2 entspricht 5 × 2 = 10

zusammen: 23 : 10

Note: 2,3

Spielsysteme für Jugendliche

Grundsätzlich stehen dem Spieler der *Angriff*, die *Halbdistanz* oder die *Verteidigung* vom System her zur Verfügung. Wollte man einen Vergleich mit der Leichtathletik wagen, dann entspräche der Angriffsspieler einem Sprinter, der Halbdistanzspieler einem Mittelstreckler und der Verteidigungsspieler einem Langstreckler.

Vielen Spielern fehlt einfach die Grundschnelligkeit für das allgemein beliebte Angriffsspiel, so daß sie hier überfordert sind. Auch ist das Angriffsspiel eine Temperamentssache. Phlegmatische Spielertypen werden sich kaum durchsetzen können.

Dagegen schadet zuviel Temperament in der Abwehr. Hier sind Beherrschung und das Warten, bis der Gegner einen Fehler macht, Voraussetzung.

Halbdistanzspieler, die hauptsächlich mit Spin spielen, benötigen eine gewisse Grundschnelligkeit, die mit Kraft verbunden ist. Hier ist der athletische Typ im Vorteil.

Auf jeden Fall sollten alle Systeme beachtet werden. Auch wenn eine große Zahl der Jugendlichen zum Angriffs- und zum Spin-Spiel drängt, sollte man das Abwehrsystem nicht aus den Augen verlieren.

Immer wieder bieten sich dem Trainer Spielertypen an, die es im Angriff zu wenig bringen, in der Abwehr jedoch Erfolg versprechen. Hier sollte der Trainer eingreifen und die Entscheidung nicht dem Jugendlichen allein überlassen. Falsch wäre es jedoch, einen prädestinierten Angriffsspieler zum Verteidigungsspieler umzufunktionieren.

Zur Psychologie und Physiologie des Tischtennissports

Wie auch in allen anderen Sportarten ist der physiologische Wert im Tischtennis beim Leistungssportler ein ganz anderer als beim Freizeitsportler. Nach Ausführungen des Deutschen Sportbundes ist die freizeitorientierte Sportbetätigung gleichzusetzen mit Freizeitsport, die lebensbeherrschende Sportbetätigung gleichzusetzen mit Spitzen- und Hochleistungssport.

Das Situationsfeld des Handelns bei einem Freizeitsportler unterscheidet sich wesentlich von dem eines Leistungssportlers. Für den Freizeitsportler sind Rahmenbedingungen wie Spielen, Gestalten und Üben, vor allem aber die Freude am Spiel bedeutungsvoll. Der Hochleistungssportler hat stets den Erfolg vor Augen, und auch seine Vorbereitung sowie sein Training sind darauf ausgerichtet. Er geht bewußt in den Wettkampf und will unbedingt siegen.

Für beide Teile ist die Gruppendynamik außerordentlich wichtig. In einer Gruppe lernt es sich leichter und schneller, die Gruppe fördert die Lust und die Freude am Spiel. Der sportliche Gegner ist kein persönlicher Gegner; er ist vielmehr der Träger einer vergleichbaren Leistung, an der man die eigene mißt. Auf der anderen Seite ist dieser sportliche Gegner aber auch ein Partner, mit dem zusammen man sich gern sportlich betätigt.

Eine Selbstverständlichkeit für beide Gruppen ist das ‹Fair play›. Da im Tischtennis das Einzel- und Mannschaftsspiel in einer günstigen Form verbunden wird, hat der einzelne Spieler, obwohl auf sich selbst gestellt, meist auch Mannschaftsaufgaben zu erfüllen. Das Individuelle tritt zwar stark in den Vordergrund, aber man ist immer darauf bedacht, das ‹Fair play› herauszustellen und sich mit der Mannschaft zu identifizieren. Gerade im Tischtennis wird dem fairen Spiel besondere Beachtung geschenkt.

Bekannte Weltgrößen demonstrierten das häufig. Diese Haltung wird durch die Verleihung einer ‹Fair play-Trophäe› anläßlich Weltmeisterschaften besonders honoriert. Bisher wurde zwei Deutschen diese Trophäe verliehen: dem Düsseldorfer Eberhard Schöler im Jahre 1959 und dem Altenaer Wilfried Lieck im Jahre 1977.

Leistungsschwächere Spieler nehmen im Tischtennis eine besondere Stellung ein. Bei dem in der Bundesrepublik angewandten Paarkreuzsystem bei Mannschaftskämpfen steht dieser spielschwächere

Spieler an den Plätzen fünf und sechs, während der stärkere Spieler auf den Plätzen eins bis vier zu finden ist. Es ist selbstverständlich, daß die der Mannschaft angehörenden Spitzenspieler – falls sie mannschaftsdienliches Training betreiben – während der Trainingsabende mit den leistungsschwächeren Spielern arbeiten, damit auch diese davon profitieren. Das sollte auch im Interesse des Spitzensportlers liegen; denn der durch den 5. oder 6. Spieler erzielte Punkt in einem Mannschaftskampf ist letztlich im Endergebnis ebenso wertvoll und wichtig wie der des 1. oder 2. Spielers.

Im übrigen gilt immer noch der Grundsatz des besten Tischtennisspielers aller Zeiten, Victor Barna (Ungarn/England): «Trainieren muß man mit schwächeren Spielern und dabei versuchen, die eigenen Schwächen auszumerzen: Gewinnen muß man – unter Einbeziehung der gemachten Erfahrungen – gegen stärkere Spieler.»

Probleme gibt es im Tischtennis ebenso wie in allen anderen Sportarten. Das größte Problem ist wohl der Abgang vieler Interessenten und Spieler, wenn einmal die Jugendklasse überschritten ist. Der Eintritt in die Leistungsklassen und damit die unvermeidliche Begegnung mit dem Spitzensportler bereitet sehr oft erhebliche Schwierigkeiten. Resignation, Unlust, oft gar Verzweiflung lassen den Jugendlichen scheitern, und er wendet sich einer anderen Sportart zu oder beendet seinen sportlichen Weg.

Der DTTB hat versucht, diese ‹Lücke› durch die Einführung einer Juniorenklasse zu schließen. 18- bis 21jährige können in drei Jahren die Voraussetzung für die Integrierung in die Leistungsklassen schaffen. Die nächsten Jahre werden zeigen, ob diese Zwischenklasse ihren Sinn erfüllt hat: nämlich talentierte junge Spieler dem Leistungssport zu erhalten.

Daß Sport der Gesundheit dient, wird heute sicherlich von niemandem bestritten. Aber es ist auch notwendig, einmal herauszustellen, daß im Sport nicht nur positive Werte liegen. Die eine oder andere Sportart, im Übermaß betrieben oder mit großen Anstrengungen verquickt, kann sich auch gesundheitsschädigend auswirken. Die ständige ärztliche Kontrolle des Leistungssportlers ist daher unabdinglich. Natürlich verhält es sich auch im Tischtennis so: Vernünftig betrieben ist Tischtennis eine Sportart, die unbedingt gutzuheißen ist. Die in früheren Jahren häufig vertretene Meinung, Tischtennis rufe nervöse Störungen hervor, ist unwahr. Letzte medizinische Untersuchungen haben ergeben, daß bei Tischtennisspielern Nervenschäden nicht auftreten – auch nicht bei Jugendlichen. Voraussetzung ist in allem – im Training und im Wettkampf – die richtige Dosierung.

Heute weiß man, daß Tischtennis Geistesgegenwart und Reaktion besonders schulen. Bereits vor vielen Jahren stellte sich bei entsprechenden Versuchen der damaligen Technischen Hochschule in Berlin heraus, daß die Studenten der Tischtennismannschaften das beste Reaktionsvermögen besitzen. In einer Abhandlung von H. F. Rittel und E. Waterloh wird von kürzlich durchgeführten radiotelemetrischen Herzfrequenzmessungen am Hochschulärztlichen Institut, Abteilung Sportmedizin, der Rheinisch-Westfälischen Technischen Hochschule, Aachen, berichtet, wonach Tischtennisspieler unter allen anderen vergleichbaren Sportarten die besten Ergebnisse erzielten. Es ist weiterhin bekannt, daß schon in den dreißiger Jahren Torwarte des englischen Profifußballs und des kanadischen Eishockeys Tischtennis spielten, um ihr Reaktionsvermögen zu steigern. In Schweden durchgeführte Untersuchungen hatten zum Ergebnis, daß Tischtennisspieler die gleiche Kondition aufwiesen wie Mittelstreckenläufer in der Leichtathletik.

Hinsichtlich der Verletzungsgefahr muß noch einmal festgestellt werden, daß aufgrund der in den letzten Jahren eingetretenen Wandlung des Tischtennisspiels zu einer harten, dynamischen, schnellen und kampfbetonten Sportart naturgemäß auch die Verletzungsgefahr gestiegen ist.

Verstauchungen, Prellungen und Zerrungen sind die häufigsten Verletzungserscheinungen. Hervorgerufen werden sie durch die heutige Spielweise: meist kurze, abrupte Bewegungen, rasche, instinktive Schritte und Sprünge des Defensivspielers, der weit hinter dem Tisch agiert und beispielsweise den Stoppball des Gegners erreichen muß u. ä. Hierbei können Muskelzerrungen und Überdehnung der Seitenbänder, bedingt duch Drehung, Knickung oder Überkippen des Fuß- und Kniegelenks, eintreten. Sofortige Ruhestellung, kalte Umschläge, Beendigung des Spiels und Hinzuziehung des Sporthallenarztes sind ratsam. Bei eventuell auftretenden schwereren Verletzungen ist ein Facharzt aufzusuchen. (In diesem Zusammenhang wird auf die Internationalen Spielregeln, B 6.2., im Handbuch des DTTB hingewiesen.)

Training

Ausdauer, Kraft und Schnelligkeit sind die konditionellen Voraussetzungen, über die jeder Leistungssportler im Tischtennis verfügen muß. Unter ‹Leistungssportler› werden dabei die Spieler gekennzeichnet, die regelmäßig trainieren, an Wettkämpfen teilnehmen und eine bestimmte Leistung erbringen.

Im folgenden werden Programme (1) für die Leistungssportler und (2) für den Freizeitsportler angeboten, die zur Verbesserung der Kondition geeignet sind. Die «Auflockerungsübungen vor dem Wettkampf» können dabei von beiden Gruppen durchgeführt werden.

Konditionstraining für Leistungssportler

Ausdauer und Schnelligkeit

1. Laufen mit Zeitkontrolle
   Damen: 4 bis 6 Kilometer   Herren: 6 bis 8 Kilometer
Das Lauftraining zur Verbesserung der Ausdauer wird am besten auf einer abwechslungsreichen Waldstrecke veranstaltet. Damit die Muskeln nicht kalt werden, sollte – je nach Jahreszeit – im Trainingsanzug gelaufen werden. Bei hohen Temperaturen darf man sich jedoch auf jeden Fall nicht zu warm anziehen, damit unter der Kleidung kein Wärmestau entsteht, der den Kreislauf belastet.

Kälte kann bei Belastung der Muskeln zu Krämpfen und Zerrungen, im Extremfall sogar zum Muskelriß führen. ‹Muskelkater›, den Untrainierte nach einem Konditionstraining leicht bekommen, ist am ehesten durch Massagen und warme Bäder auszukurieren.

2. Intervalltraining (lang)
   Damen: 3- bis 4mal 3,5 Minuten Laufen
   Herren: 3- bis 4mal 5 Minuten Laufen
Zwischen jedem Intervall wird eine Pause von drei Minuten eingelegt.
Bei jedem Intervall wird im gleichen Tempo gelaufen, das etwa 80 bis 90 Prozent der Maximalgeschwindigkeit entspricht. Die höchste Belastung mit maximalem Puls sollte beim letzten Intervall erreicht werden.

3. Intervalltraining (kurz)
   Damen: 21mal 15 Sekunden Laufen (maximal)
   Herren: 30mal 15 Sekunden Laufen (maximal)
Pausen
Damen: zwischen jedem Intervall 15 Sekunden, außer zwischen dem 7. und 8. Invervall und zwischen dem 14. und 15. Intervall jeweils 2 Minuten.
Herren: zwischen jedem Intervall 15 Sekunden, außer zwischen dem 10. und 11. Intervall und zwischen dem 20. und 21. Intervall jeweils 2 Minuten.

4. Intervalltraining (Sprints: a bis c)
   (a) Damen: 10mal 60 Meter   (a) Herren: 10mal 80 Meter
Pausen
Zwischen jedem Lauf 5 bis 10 Sekunden; danach 2 Minuten aktive Pause.
   (b) Damen: 10mal 40 Meter   (b) Herren: 10mal 60 Meter
Pausen
Zwischen jedem Lauf 5 Sekunden; danach 2 Minuten aktive Pause.
   (c) Damen: 10mal 20 Meter   (c) Herren: 10mal 40 Meter
Pausen
Zwischen jedem Lauf 5 Sekunden.
Dieses ‹kurze› Intervalltraining kann im Wald oder auf der Aschenbahn veranstaltet werden.

Kraft
Programm I

1. Hüpfen mit Körperstreckung (siehe Foto 1, rechts)
   Damen: 15mal   Herren: 25mal
2. ‹Sit-up›, Unterschenkel anwinkeln und den Oberkörper 45 Grad
   anheben (siehe Foto 2)
   Damen: 12mal   Herren: 18mal
3. Liegestütze
   Damen: 8mal   Herren: 12mal
4. Gestreckter Oberkörper, Rumpf beugen, Hände auf den Boden,
   Beine durchstrecken
   Damen: 8mal   Herren: 10mal
5. Hochspringen mit angezogenen Knien (siehe Foto 1, links)
   Damen: 10mal   Herren: 12mal
6. 3 bis 5 kg schwere Hantel in jeder Hand:
   Oberarme an den Oberkörper anlegen und die Unterarme von
   unten nach oben bringen.
   Damen: 20mal   Herren: 25mal
7. Füße abrollen
   Damen: 50mal   Herren: 75mal

1

2

Programm II

Zehn verschiedene Übungen mit Belastungen von 5 bis 30 kg an der Kraftmaschine. Jede Übung dauert eine Minute; danach 15 Sekunden Pause.

In Sportschulen, Übungszentren und in vielen größeren Vereinen gibt es sogenannte Krafträume, in denen verschiedene Kraftmaschinen stehen. Hier können Übungen mit Gewichten ausgeführt werden, die sämtliche Muskeln beanspruchen. Dadurch erfährt der Athlet Reize, die zu einer Zunahme und Stärkung der Gesamtmuskulatur führen.

Übungen im Kraftraum sollten aber stets unter Aufsicht eines erfahrenen Trainers oder Übungsleiters erfolgen.

Tischtenniszirkel

Die folgenden sechs Übungen werden nacheinander durchgeführt. Zwischen den Übungen, die jeweils eine Minute dauern, liegt eine Minute Pause. Der Zirkel kann ein- bis zweimal wiederholt und auf 12 oder 18 Stationen ausgebaut werden; hierfür benötigt der Athlet allerdings eine sehr gute Kondition.

Grundvoraussetzung ist, daß alle Übungen vom Ausführenden sicher beherrscht werden. Erst dann kann man 6, 12 oder 18 Stationen einrichten.

Jede Station wird von einem Übenden besetzt; nach 1 Minute Übungszeit wird in der Pause zur nächsten Station gewechselt.

Günstig ist, wenn jeder Übende einen ‹Kontrolleur› hat, der die einzelnen Übungen zählt. Das kann etwa so organisiert werden, daß die Gruppe in zwei Hälften geteilt wird. Während die eine Hälfte trainiert, zählt die andere jeweils die Punkte.

Der Trainer oder Übungsleiter stoppt die Zeit und nimmt am Schluß von den ‹Kontrolleuren› die ausgeführte Zahl an Übungen der einzelnen Teilnehmer entgegen. Diese Zahlen werden notiert und über einen längeren Zeitraum festgehalten. So kann man den Leistungszuwachs stetig verfolgen.

Dieser Zirkel mit den auf S. 138 angeführten Konditionsübungen setzt eine gute körperliche Verfassung des Athleten voraus. Zeigen sich frühzeitige Erschöpfungserscheinungen, dann sollte anfangs nur ein Teilprogramm absolviert werden. Nach und nach erfolgt dann eine Steigerung. – Bei Schwindelgefühl, Erbrechen oder Herzbeschwerden ist sofort ein Arzt aufzusuchen.

Ein Spieler ist gut durchtrainiert, wenn er zum Beispiel beim Tisch-
tenniszirkel seine maximale Leistung erreicht und die Pulsmessung
ergeben hat, daß die Pulszahl 1 bis 1,5 Minuten nach der letzten
Übung den Ruhepuls annähernd erreicht hat.

Dauert dagegen das Erreichen des Ruhepulses fünf Minuten und
länger, dann ist es um die körperliche Fitness des Spielers nicht gut
bestellt.

Der Ruhepuls liegt bei normalem Blutdruck bei erwachsenen Lei-
stungssportlern bei etwa 60 Schlägen pro Minute. Gemessen wird
der Puls mit der Stoppuhr; doch auch genügt eine Uhr mit einem
großen Sekundenzeiger. Dabei kann der Puls am unteren Handgelenk oder am Hals gefühlt werden. Diese Messung kann jeder selbst
vornehmen, wobei die Pulsschläge eine Minute lang gezählt werden
(siehe Foto 3).

Pulsmessungen sind eine gute Kontrolle des eigenen Leistungsver-
mögens!

3

Zirkel: 1 Minute üben, 1 Minute Pause

Übung	maximale Leistung
1. Harvardstep	– 88–90 (siehe Foto 4)
2. Stirn an die Knie	– 40–45 (siehe Foto 5)
3. Kurzhantel-Schwingen (Topspin-Übung)	– 70–75 (siehe Foto 6)
4. Sprints aus der Bauchlage (8 bis 10 m)	– 14–16 (siehe Foto 7)
5. Seilspringen (beidfüßig)	– 180–200 (siehe Foto 8)
6. Liegestütze	– 30–40 (siehe Foto 9)

Die Zahlen geben die Anzahl der in 1 Minute geleisteten Übungen an.

4

5

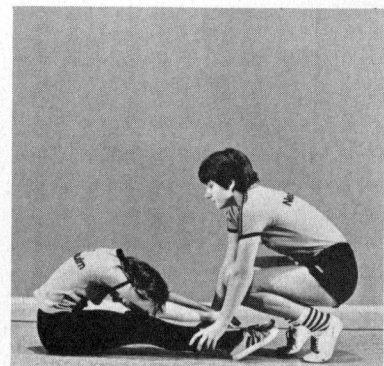

6

7

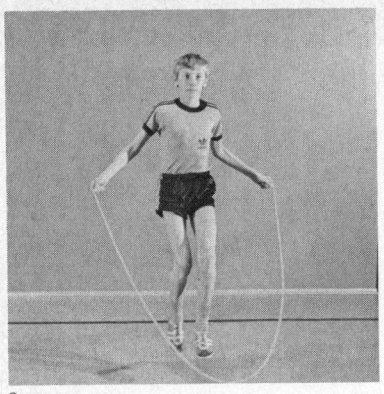
8

9

Trainingsperiodisierung

Das folgende Jahresprogramm gilt von September bis April und umfaßt acht Monatsprogramme, die sich wiederholen. Eine Übungseinheit dauert dabei 150 Minuten, die sich gliedert in:

15 Minuten Aufwärmegymnastik (a–d)
30 Minuten Technik (e–g)
30–45 Minuten Technik und Taktik (e–g)
30–45 Minuten Taktik, Tischtennisspiele
und Wettkampfformen (r)
30 Minuten Kondition und Hallenspiele (s–w)

Die Konditionsübungen werden abwechselnd nach dem Monatsplan bzw. nach dem Jahresprogramm – der Folge der Monatsprogramme – ausgeführt. Eine genaue Periodisierung ist im Tischtennis sehr schwierig; denn Kondition und spielerische Form müssen über einem Zeitraum von acht Monaten gehalten werden.

Von September bis April sind Punktspiele (Mannschaftswettbewerbe); daneben bestreitet der Aktive Einzelwettkämpfe in Form von Ranglistenturnieren und Meisterschaften auf nationaler und internationaler Ebene. Während der Punktspielsaison wird von dem Aktiven eine gleichbleibend gute Form erwartet.

Internationale Meisterschaften beginnen bereits im September und erstrecken sich über sechs Monate. Ranglistenturniere finden im

Monatsprogramm

	Woche I				Woche II			
	a	b	c	d	b	c	d	a
30	e + f	e + p	n + k	g	e + f	e + p	g + k	g
60	h + l + k	m + l + k	g	a + i	h + l + k	m + l + k	n + k	o + l
105	r	r	r	r	r	r	r	r
135	s	u	s	w	u	v	s	w

(Übungseinheit 150 Min. — y-axis marked 15, 30, 45, 60, 75, 90, 105, 120, 135, 150)

Aufwärmgymnastik:	15 Min. (a—d)
Technik:	30 Min.
Technik, Taktik:	30—45 Min. } (e—q)
Taktik, Tischtennisspiel, Wettkampfformen:	30—45 Min. (r)
Kondition und Hallenspiele:	30 Min. (s—w)

a: allgemeine Gymnastik   g: Kontern
b: Seilgymnastik   h: Treibball
c: Gymnastik mit dem Partner   i: Verteidigen
d: Gymnastik mit Bällen   k: Kernball
e: Aufschlag   l: Blocken
f: Schupfen   m: Topspin

Woche III				Woche IV			
c	d	a	b	d	a	b	c
e + h	h + i	i + m	i + o	e + n	e + m	e + p	g
i + h + g	i + h + g	i + m + g + k	f + m + n	i + h + g	i + m + g	i + m + k	g + k
r	r	r	r	r	r	r	r
s	u	v	w	u	t	s	w

n: Ballonverteidigung
o: Sidespin
p: Flippball
q: Stoppball
r: TT-Spiel (Wettkampfform)
s: Laufen

t: Intervalltraining
u: Zirkeltraining
v: Krafttraining
w: Hallenspiele (Hockey, Basketball etc.)

Oktober, Dezember und Februar statt, Deutsche Meisterschaften im Januar, Europa- oder Weltmeisterschaften im März/April. Insofern sollte ein Spitzenspieler seine Bestform am Ende der Saison (April) erreicht haben. Dennoch läßt dieser Terminkalender keine Periodisierung allein mit einem Höhepunkt zu.

Um eine annähernd gleichbleibende Form die Wettkampfperiode vom September bis April hindurch zu halten, bieten sich Wiederholungen des Monatsprogramms über den gesamten Zeitraum an.

Auflockerungsübungen vor dem Wettkampf

Das Aufwärmen vor dem Wettkampf dient dem Tischtennisspieler zur Lockerung der Gesamtmuskulatur – besonders der Beine, Arme und Hände. Hierzu eignen sich am besten Laufübungen, die intensiv 10 bis 15 Minuten lang betrieben werden. Aufgewärmt ist der Athlet dann, wenn er anfängt zu transpirieren.

1. Laufen im Kreis in der Turnhalle oder auf dem Sportplatz; in der Turnhalle öfters die Richtung wechseln

2. Laufen am Ort:
a) mit Knieheben;

b) federndes Laufen am Ort; die Fußspitzen bleiben auf dem Boden, nur die Fersen werden angehoben

3. Kniehebelauf

4. Laufen mit Anfersen

5. Laufen mit großen Schritten

6. Jeder 3. Laufschritt ist ein län-
gerer und höherer Schritt

7. Laufen rückwärts

8. Laufen seitwärts mit Kreuzen;
abwechselnd vorn und hinten
kreuzen

9. Laufen mit Führen der Arme in die Vor-, Seit- und Hochhalte

10. Laufen mit Armkreuzen vor- und rückwärts

11. Laufen mit Kreisen und Schütteln der Hände vor- und rückwärts (ohne Abb.)

12. Laufen im Wechsel – 10 Laufschritte, 5 Gehschritte (ohne Abb.)

13. Laufschritte vorwärts; Hochstand mit Rückschwingen – Strecksprung mit Schwingen in die Hochhalte; Laufen vorwärts

14. Hopserlauf

15. Laufen vorwärts; Springen nach aufgehängten Gegenständen (zum Beispiel Basketballkorb) (ohne Abb.)

16. Dauerlauf; jeder bestimmt sein Tempo selbst (1 bis 3 Minuten) (ohne Abb.)

Gymnastik und leichte Konditionsübungen
für den Freizeitsportler

1. Laufübungen: siehe «Auflockerungsübungen vor dem Wettkampf»

2. Spring- und Hüpfübungen (15 Minuten)
2.1. Hüpfen mit geschlossenen Beinen – vorwärts, rückwärts, seitwärts

2.2. Hüpfen in den Grätschstand bei gleichzeitigem Hochhalten der Arme

2.3. Hüpfen einmal vorwärts, einmal hoch etc.

2.4. Hüpfen; jeder 3. Sprung mit $1/4$, $1/2$ oder mit $1/1$ Drehung

2.5. Hüpfen auf dem rechten und linken Bein

2.6. Hüpfen in der Hockstellung

2.7. Froschhüpfen (Absprung) mit beiden Beinen aus dem Hockstand über den Handstütz in den Hockstand

2.8. Hüpfen; nach jedem 3. Hüpfer grätschen, scheren, anhocken, anfersen mit anschließendem Strecksprung

3. Gymnastik mit Seil (15 Minuten)

Seilspringen ist eine wertvolle Übung für Tischtennisspieler, die nicht nur die Beinmuskulatur stärkt, sondern auch die Beweglichkeit der Gelenke fördert und die Leistungsfähigkeit der inneren Organe (Herz, Kreislauf- und Atemsystem) erhöht. Seilübungen koordinieren ferner die Arm- und Beinbewegungen und verbessern das Rhythmusgefühl.

3.1. Hüpfen mit beiden Beinen (geschlossen) mit und ohne Zwischenhupf; Seildurchschlag nach vorn

3.2. Hüpfen mit Beckendrehung nach links und rechts während des Sprungs

3.3. Hüpfen vorwärts, rückwärts, seitwärts mit und ohne Zwischenhupf

3.4. Hüpfen mit Anhocken der Beine; dabei das Seil zweimal bei einem Hupf durchschwingen

3.5. Hüpfen in der Hocke

3.6. Hüpfen in Schrittstellung mit Beinwechsel

3.7. Hüpfen mit beiden Beinen und aufeinander folgenden Absprüngen; rechtes Bein vorn

3.8. wie 3.7 – linkes Bein vorn

3.9. Hüpfen in verschiedenem Rhythmus

3.10. Hüpfen auf einem Bein, 10mal links, 10mal rechts

3.11. Hüpfen und Seildurchschlag mit gekreuzten Armen

3.12. Hüpfen mit Durchschlag rückwärts und seitwärts

3.13. Hüpfen über das schwingende Seil

3.14. Hüpfen über das vierfach zusammengelegte Seil, das tief vor dem Körper und von beiden Händen gehalten wird. Im Hocksprung wird hin und zurück über das Seil gesprungen

3.15. Seilhüpfen zu zweit; einer schwingt und hüpft, der andere hüpft nur

4. Übungen mit Gymnastikbällen (15 Minuten)

4.1. Prellen, ohne anzustoßen – erst weiträumig, dann auf engem Raum, zuerst im Gehen, dann im Lauf (siehe Foto 1, Seite 148)

4.2. Prellen im Sitzen und im Liegen

4.3. Hoch und niedrig prellen

4.4. Ball werfen und fangen – mit und ohne Partner im Stehen, im Sitzen, im Liegen (siehe Foto 2, Seite 148).

4.5. Ball rollen, abstoßen und dann dem Ball nachsprinten

4.6. Ball balancieren auf Fuß, Hand, Finger und Kopf

4.7. Ball in Rückenlage mit den Füßen halten. Die Füße übergeben den Ball durch Zurückschlagen der Beine an die am Boden liegenden Hände. Dasselbe in umgekehrter Richtung: die Hände übergeben den Ball an die Füße. – Übung einige Male wiederholen.

1   2

4.8. In der Bauchlage den Ball von den Füßen an die Hände und
umgekehrt übergeben

4.9. Staffelspiele: eine Strecke den Ball hinrollen, die andere Strek-
ke den Ball zurückprellen, danach dem nächsten Spieler den
Ball übergeben. Zwei Staffeln spielen gegeneinander.

5. Gymnastik mit Partner

5.1. Schubkarren fahren (Foto 3)

5.2. Ein Partner hält sich an den Beinen des anderen Partners fest
und kreist seine Beine in gestrecktem Zustand (Foto 4).

5.3. Abwechselnd den Partner auf den Rücken nehmen (Foto 5)

5.4. Partner hält Beine fest, Wippe auf dem Bauch mit den Händen
(Foto 6)

5.5. wie 5.4 – Wippe mit den Beinen

5.6. wie 5.4 und 5.5 – in Rückenlage (Foto 7)

5.7. Die Partner fassen sich an den Händen und steigen über die
Arme in den Kreis abwechslungsweise ein.

5.8. Die Partner fassen sich an den Händen und drehen sich mit
gestreckten Armen im Kreis – abwechslungsweise links- und
rechtsherum.

5.9. Abwechselnd Partner kurzfristig tragen (‹Huckepack›)

5.10. Zum Schluß fünf Minuten Reiterspiel: Ein Partner trägt den
anderen auf seiner Schulter (Reiter). Sieger ist das Paar, bei
dem der Reiter am längsten oben bleibt. Jeder versucht, die
anderen abzuwerfen.

3

4

5

6

7

Anhang

Spielsysteme und Turnierklassen

Für den organisierten Spieler bieten der Bund und seine Verbände eine Fülle von Aktivitäten. So werden ‹Nationale Deutsche Einzel-Meisterschaften› und das ‹Bundesranglistenturnier› mit allen seinen darunter liegenden Qualifikationen veranstaltet, wie die ‹Deutschen Mannschaftsmeisterschaften›, beginnend auf der untersten Ebene, den Kreisklassen, bis hinauf zur höchsten Spielklasse, der Bundesliga, die ‹Deutschen Pokalmeisterschaften›, die ‹Länderpokalrunden› und selbstverständlich zahlreiche internationale Begegnungen, Länderkämpfe und Turniere. Nahezu jeder dieser Wettbewerbe wird für alle Leistungsklassen, das heißt Schüler (männlich, weiblich), Jugend (männlich, weiblich), Junioren (männlich, weiblich) sowie Damen und Herren, ausgeschrieben.

Ein Überblick über die verschiedenen Spielsysteme und Turnierklassen wird weiter unten gegeben. Vorausgeschickt werden muß, daß die Reihenfolge der jeweiligen Spielpaarungen und die Aufstellung der Mannschaften festgelegt ist bzw. festgelegt wird (siehe Handbuch des DTTB).

1. Paarkreuzsystem für Sechser-Mannschaften
   Hier spielen sechs Spieler in drei Paarkreuzen (1. Paarkreuz = Spieler Nr. 1 und 2; 2. Paarkreuz = Spieler Nr. 3 und 4; 3. Paarkreuz = Spieler Nr. 5 und 6). Die Spielweise wird bereits durch die Bezeichnung verdeutlicht: die einzelnen Paarkreuze spielen ‹über Kreuz›, das heißt 1 gegen 2, 2 gegen 1, 3 gegen 4, 4 gegen 3 usw. Es werden somit zwölf Einzel und zu Beginn und zum Schluß jeweils zwei Doppel gespielt.

2. Paarkreuzsystem für Vierer-Mannschaften
   Dieses System unterscheidet sich von 1. nur durch Streichung der Spiele 3, 4, 9 und 10.

3. Gruppensystem
   Hier spielen die gemeldeten Spieler von 1 bis 3 und von 4 bis 6 jeder
   gegen jeden über Kreuz. Zu Beginn sind zwei Doppel vorgesehen.

4. Sechser- und Vierer-Medensystem
   Die sechs bzw. vier Spieler der Mannschaft bestreiten sechs bzw. vier
   Einzel und drei bzw. zwei Doppel. Hier spielt der Spieler Nr. 1 gegen
   die Nr. 1 der gegnerischen Mannschaft, die Nr. 2 gegen die Nr. 2 usw.

5. Vierer-Mannschaftssystem ‹jeder gegen jeden›
   Hier spielt, wie schon die Bezeichnung besagt, jeder gegen jeden. Beim
   9. Siegpunkt für eine Mannschaft ist das Spiel beendet. Doppel werden
   nicht ausgetragen.

6. Bundessystem für Vierer-Mannschaften
   Die vier Spieler bestreiten je zwei Einzel und zu Beginn und zum Schluß
   des Spiels je ein Doppel.

7. Swaythling Cup-System (Dreier-Mannschaften)
   Hier können bis zu fünf Spieler gemeldet werden, wobei jedoch in
   jedem einzelnen Mannschaftskampf nur drei Spieler eingesetzt werden
   dürfen. Jeder der drei Spieler spielt gegen jeden Gegner ein Einzel.
   Beim 5. Siegpunkt für eine Mannschaft ist das Spiel beendet.

8. Schwedisches Ligasystem
   Dieses System unterscheidet sich vom Swaythling Cup-System nur dadurch, daß zusätzlich nach dem 6. Einzel ein Doppel eingefügt wird.

Für den Bereich des DTTB gilt das

9. Modifizierte Schwedische Ligasystem,
   bei dem das Doppel nach dem 3. Einzel gespielt werden muß.

10. Europaliga-System
    Hier können bis zu fünf männliche und zwei weibliche Spieler zum
    Einsatz kommen, die vier Herreneinzel, ein Dameneinzel, ein Herren-
    doppel und ein gemischtes Doppel austragen.

11. Corbillon Cup-System
    Eine Mannschaft besteht aus zwei bis vier Spielern, von denen jeweils
    nur zwei in den Einzelspielen eingesetzt werden. Es spielen jeder gegen
    jeden seiner beiden Gegner im Einzel. Ferner wird nach dem 2. Einzel
    ein Doppel gespielt.

Weiterhin gibt es das ‹Einfache K. o.-System›, bei dem der Verlierer aus
dem Turnier ausscheidet, oder das ‹Doppelte K. o.-System›, bei dem der
Verlierer die Möglichkeit hat, gegen einen anderen Verlierer anzutreten
und so erneut in das Spielgeschehen einzugreifen.
Die Auswahl der Spielsysteme bleibt jedem überlassen. In der Bundesrepublik Deutschland haben sich folgende Spielsysteme bewährt:

Einzelmeisterschaften	– einfaches K. o.-System
Mannschaftsspiele/Herren	– Paarkreuzsystem für Sechser-Mannschaften
Mannschaftsspiele/Damen	– Paarkreuzsystem für Vierer-Mannschaften

Ranglistenturniere   – ‹jeder gegen jeden›
Deutsche Pokalmeisterschaften   – Swaythling Cup-System
Turniere   – einfaches K. o.-System
Auf internationaler Ebene werden folgende Systeme bevorzugt:
Mannschaftsspiele/Herren   – Swaythling Cup-System
Mannschaftsspiele/Damen   – Corbillon Cup-System
Europaliga   – Europaliga-System
Wie schon erwähnt, werden fast alle Wettbewerbe für alle Leistungsklassen
ausgeschrieben, die wie folgt fixiert sind:
a) Schüler, männlich/weiblich
   Spieler/Spielerinnen, die mit Beginn des Stichtags noch nicht 14 Jahre alt
   waren.
b) Jugend, männlich/weiblich
   Spieler/Spielerinnen, die mit Beginn des Stichtags noch nicht 17 Jahre alt
   waren.
c) Junioren, männlich/weiblich
   Spieler/Spielerinnen, die mit Beginn des Stichtags schon 17 Jahre alt
   waren, aber noch nicht 21.
d) Herren-/Damenklasse
   Spieler/Spielerinnen, die mit Beginn des Stichtags schon 17 Jahre alt
   waren.
e) Seniorenklasse
   Spieler/Spielerinnen, die mit Beginn des Stichtags schon 40 Jahre waren.
f) Altersklasse
   Spieler/Spielerinnen, die mit Beginn des Stichtags schon 50 Jahre waren.
Stichtag ist jeweils der 1. 7. eines Jahres.

Ehrungen und Pokale

Ebenso wie in allen anderen Sportarten erfahren die Sieger eines Wett-
kampfs eine Ehrung durch die Überreichung des entsprechenden Pokals.
Deutscher Mannschaftsmeister
der Damen und Herren: Meisterschafts-Pokal des DTTB
Deutscher Pokalsieger
der Damen und Herren: Wanderpokal des DTTB (Karl-Ek-
                                      kardt-Pokal). Außerdem ist der Sie-
                                      ger dieses Wettbewerbs berechtigt,
                                      an dem ‹Europapokal der Meister›
                                      teilzunehmen.
Länderpokalrunden: Deutschland-Pokal
In den zahlreichen anderen Wettbewerben werden Medaillen und Ehrenur-
kunden verliehen.
Auf europäischer Ebene werden folgende Trophäen vergeben:
Europameisterschaften

Herrenmannschaft	Ungarn-Pokal
Damenmannschaft	Rumänien-Pokal
Herreneinzel	Schweden-Pokal
Dameneinzel	Jugoslawien-Pokal
Herrendoppel	ČSSR-Pokal
Damendoppel	England-Pokal
gemischtes Doppel	Pokal der BR Deutschland

Der die Europameisterschaften ausrichtende Verband erhält den Frankreich-Pokal.

Jugend-Europameisterschaften

Jungenmannschaft	Pokal der BR Deutschland
Mädchenmannschaft	Frankreich-Pokal
Jungeneinzel	Ungarn-Pokal
Mädcheneinzel	Rumänien-Pokal
Jungendoppel	Österreich-Pokal
Mädchendoppel	Holland-Pokal
gemischtes Doppel	ČSSR-Pokal

Der Ausrichter erhält den Rumänien-Pokal.

Europäisches Klassifikations-Turnier ‹Europe Top 12›

Sieger der Herren	Richard-Bergmann-Memorial-Cup, gestiftet durch den DTTB
Sieger der Damen	Trude-Pritzi-Memorial-Cup, gestiftet durch den Österreichischen Tischtennis-Verband

Europäischer Pokal der Meister

Sieger der Herren	Europa-Pokal der Club-Meister, gestiftet durch den DTTB
Sieger der Damen	Coupe d'Europe des Club Feminins, gestiftet durch den Französischen Tischtennis-Verband

Europäischer Messestädte-Pokal

Sieger der Herren	Wanderpokal, gestiftet durch die Schuh- und Messestadt Pirmasens
Sieger der Damen	Wanderpokal, gestiftet durch die *Pirmasenser Zeitung*

Bei *Weltmeisterschaften* kommen folgende Pokale zur Verteilung:

Herrenmannschaft	Swaythling Cup
Damenmannschaft	Marcel Corbillon Cup
Herreneinzel	St. Bride Vase
Dameneinzel	G.-Geist-Preis
Herrendoppel	Iran Cup
Damendoppel	W. J.-Pope-Trophäe
gemischtes Doppel	Heydusek-Preis

Dem Ausrichter der Weltmeisterschaften wird der Ägypten Cup überreicht.

Anschriften

Deutscher Tisch-Tennis-Bund
Souchagstraße 13
6000 Frankfurt 70
06 11/61 59 00

DTTB-Mitglieds- und Regionalverbände

Badischer TT-Verband
Wielandstraße 8
7514 Eggenstein-L.
07 21/77 13 88

Bayerischer TT-Verband
Postfach 200522
8000 München 2
0 89/52 44 34

Berliner TT-Verband
Bismarckallee 2
1000 Berlin 33
0 30/8 92 91 76

Fachverband TT Bremen
Postfach 105871
2800 Bremen 1
04 21/7 44 80

Hamburger TT-Verband
Schäferkampsallee 1
2000 Hamburg 6
0 40/4 12 12 41

Hessischer TT-Verband
Otto-Fleck-Schneise 4
6000 Frankfurt 71
06 11/6 30 92 45-47

TT-Verband Niedersachsen
Maschstraße 20
3000 Hannover
05 11/80 30 54

Pfälzischer TT-Verband
Westpreußenstr. 1
6719 Harxheim
0 63 55/23 96

Rheinhess. TT-Verband
Pfarrer-Barber-Straße 9
6530 Bingen 12
0 67 21/1 52 02

TT-Verband Rheinland
Rheinau 11
5400 Koblenz
02 61/1 25 01

Saarländ. TT-Bund
Saaruferstraße 16
6600 Saarbrücken
06 81/5 70 55

Südbadischer TT-Verband
Bundesstraße 11
7636 Ringsheim
0 78 22/98 03

TT-Verband Schl.-Holst.
Beselerallee 57
2300 Kiel
04 31/56 44 51

TT-Verband W.-Hohenz.
Mozartstraße 20
7000 Stuttgart 1
07 11/64 23 67

Westdeutscher TT-Verband
Postfach 110055
4100 Duisburg 11
02 03/5 13 93

Norddeutscher TT-Verband
Schlimbachallee 39
2300 Kiel 17
04 31/39 33 48

Südwestdeutscher TT-Verband
Postfach 23
6500 M-Gonsenheim
0 61 31/4 61 95

Süddeutscher TT-Verband
Wallensteinstr. 16
8000 München 2
0 89/35 41 36

International Table Tennis Federation (ITTF)

– 5 Kontinentalverbände, 126 Mitgliedsverbände –

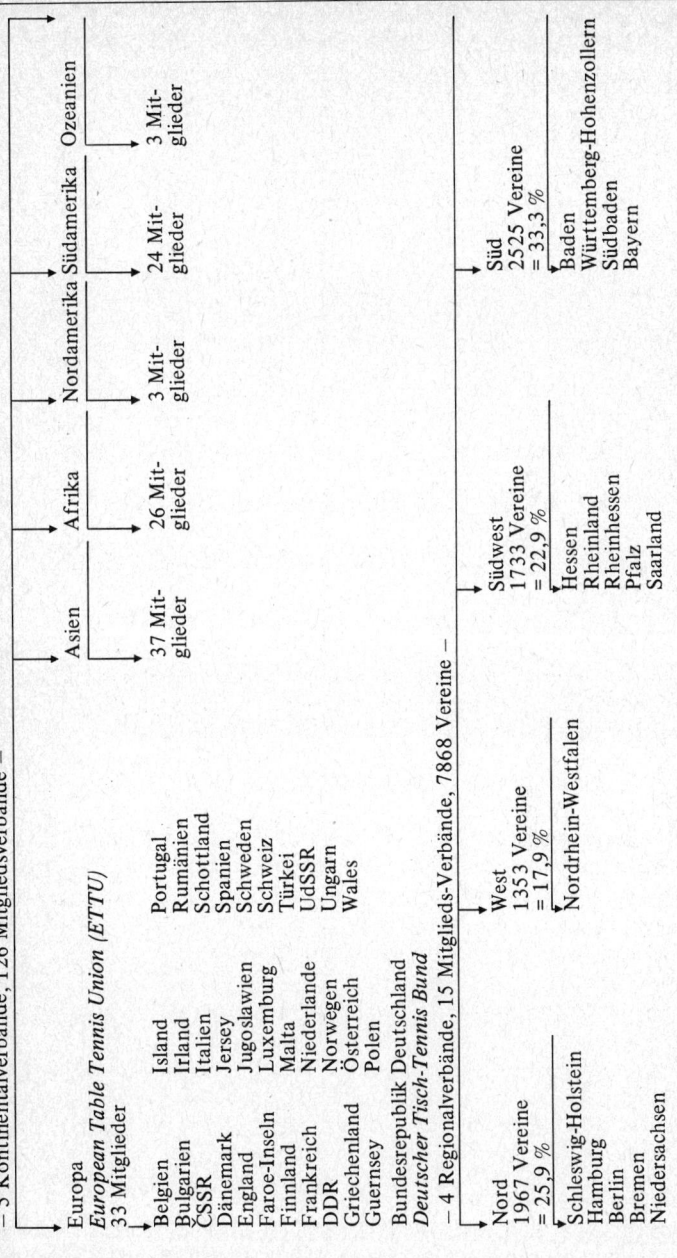

Europa *European Table Tennis Union (ETTU)* 33 Mitglieder	Asien 37 Mitglieder	Afrika 26 Mitglieder	Nordamerika 3 Mitglieder	Südamerika 24 Mitglieder	Ozeanien 3 Mitglieder

Belgien
Bulgarien
CSSR
Dänemark
England
Faroe-Inseln
Finnland
Frankreich
DDR
Griechenland
Guernsey
Island
Irland
Italien
Jersey
Jugoslawien
Luxemburg
Malta
Niederlande
Norwegen
Österreich
Polen
Portugal
Rumänien
Schottland
Spanien
Schweden
Schweiz
Türkei
UdSSR
Ungarn
Wales

Bundesrepublik Deutschland
Deutscher Tisch-Tennis Bund

– 4 Regionalverbände, 15 Mitglieds-Verbände, 7868 Vereine –

Nord 1967 Vereine = 25,9 %	West 1353 Vereine = 17,9 %	Südwest 1733 Vereine = 22,9 %	Süd 2525 Vereine = 33,3 %
Schleswig-Holstein	Nordrhein-Westfalen	Hessen	Baden
Hamburg		Rheinland	Württemberg-Hohenzollern
Berlin		Rheinhessen	Südbaden
Bremen		Pfalz	Bayern
Niedersachsen		Saarland	

Über die Verfasser

Jupp Schlaf (Foto links), Jahrgang 1919, ist seit 1949 Generalsekretär des DTTB, seit 1964 Präsident der European Table Tennis Union (ETTU) und seit 1967 Vizepräsident für Europa der International Table Tennis Federation (ITTF). Daneben zahlreiche Vorstands- und Ehrenämter auf nationaler und internationaler Ebene. Als aktiver Spieler nahm er an mehreren deutschen Meisterschaften teil und spielte zweimal in der Nationalmannschaft.

Hans Giesecke (Foto Mitte), Jahrgang 1932, ist Vorsitzender des Tischtennisverbands Niedersachsen, seit 1962 Schiedsrichterobmann und Vorsitzender des Schiedsrichterausschusses (Schiedsrichterobmann) des DTTB. International ist er tätig im Regelkomitee der International Table Tennis Federation (ITTF) sowie im Schiedsrichter- und Oberschiedsrichterkomitee der European Table Tennis Union (ETTU). Als Fachautor für Regelkunde und als Verfasser des «Schiedsrichter-Einmaleins im Tischtennis» ist der Bremer Oberstudienrat zudem bekannt.

Heinz Harst (Foto rechts), Jahrgang 1934, ist heute noch in der 1. Mannschaft des SV Neckarsulm aktiv. Zwischen 1955 und 1965 wurde er vom DTTB mehrmals in die Nationalmannschaft berufen und international eingesetzt. Ferner errang er sämtliche Titel, die der württembergische TT-Verband zu vergeben hat, war auf nationaler Ebene im Einzel und Doppel zweifacher Vizemeister sowie zweifacher Meister im Mixed-Doppel mit seiner Ehefrau Inge, geb. Müser. Seit 1965 ist der Ingenieur und Abteilungsleiter Heinz Harst Lehrwart des TT-Verband Württemberg, seit 1970 im Lehrausschuß des DTTB. Als Inhaber der B- und A-Lizenz kümmert er sich vor allem um die Jugendarbeit im Verein und Verband und leitet einen TT-Stützpunkt.

Literaturhinweise

Manfred Grumbach unter Mitarbeit von H. Dassel: Tischtennis-Grund-
schule. – Hofmann Verlag, Schorndorf 1975.
G. Gottlöber/G. Oelschlägel: Tischtennis – Technik, Training, Taktik. –
Sportverlag Berlin (DDR) 1969.
Deutscher Tisch-Tennis Bund: Grundsätzliche Beiträge zur Theorie und
Praxis des Tischtennissports.
Werner Heissig: Tischtennis, Faszination des kleinen Balles. – Bussesche
Verlagsbuchhandlung, Herford 1975.
Klaus Peter Bochow: Tischtennis – von den Grundbegriffen bis zur Vollen-
dung. – Heyne Verlag, München 1976.
Ossi Brucker/Tibor Harangozo: Tischtennis – modern gespielt. – Falken-
Bücherei, Wiesbaden 1975.
Martin Sklorz: tischtennis – vom anfänger zum könner. – BLV-Sport 1972.
Ichiro Ogimura: Tischtennis. – Joola Siebeldingen 1973.
Ossi Brucker: Tischtennis. – Minden.
Clemens M. Gruber: Tischtennis-Taktik (mit statistischem Anhang von
Jupp Schlaf). – Lübeck, 3. Auflage 1976.
Hans Giesecke: Das Schiedsrichter 1 × 1 im Tischtennis mit Ergänzungen.
– Verlag Klokow, Lübeck, 9. Auflage 1979.
Deutscher Tisch-Tennis Bund: Handbuch des DTTB. – Verlag Oskar Klo-
kow, Lübeck, 9. Auflage 1978.
Deutscher Tisch-Tennis Bund: Zeitschrift ‹Deutscher Tisch-Tennis Sport›
(amtliches Organ). – Verlag I. C. Erhardt, Springe.
Deutscher Tisch-Tennis Bund: Jubiläumsbuch ‹DTTB – 50 Jahre jung›. –
Verlag I. C. Erhardt, Springe 1975.
Deutscher Tisch-Tennis Bund: Tischtennis-Bildkalender. – Verlag Oskar
Klokow, Lübeck.
Deutscher Tisch-Tennis Bund: Sporttaschenbuch. – Verlag Oskar Klokow,
Lübeck.

Verwendete Literatur
Walter Grein: Tischtennis. – Verlag Deutscher Tischtennissport, Han-
nover.
Martin Sklorz: Tischtennis vom Anfänger zum Könner. – BLV-Sport 1972.
Johnny Leach: So spielt man Tischtennis: – Verlag Nicholas Kaye, London.
Deutscher Tisch-Tennis-Bund: Handbuch des DTTB. – Verlag Oskar Klo-
kow, Lübeck.
Sonderdruck ‹Sportarzt und Sportmedizin›. – Köln-Müngersdorf (=
Schriftenreihe des Deutschen Sportbundes).
Ivor Montagu: Racket Sport. – Edinburgh.

Sachregister